Harald Scheerer

Erfolgreich führen durch Überzeugen

Harald Scheerer

Erfolgreich führen durch Überzeugen

Die neue Generation der Führungspraxis

Wenn Du ein Schiff bauen willst,
dann trommele nicht Männer zusammen,
um Holz zu beschaffen,
Aufgaben zu vergeben
und die Arbeit einzuteilen,
sondern lehre die Männer die Sehnsucht
nach dem weiten, endlosen Meer.

(Antoine de Saint Exupéry)

Wirtschaftsverlag Langen-Müller/Herbig

Schutzumschlag: Christel Aumann, München
Satz: Fotosatz Völkl, Germering
Druck: Jos. C. Huber KG, Dießen
Binden: R. Oldenbourg, München
Printed in Germany
ISBN 3-7844-7161-7

Inhalt

Vorwort zur zweiten Auflage

Ich wurde schon vor einigen Jahren zu einem Buch über partnerorientiertes Verhalten[1] angeregt durch Veröffentlichungen von Vertretern der »Humanistischen Psychologie« und durch die Bücher Thomas Gordons.[2]

Dann sah ich in mehr als hundert Seminaren mit mehr als fünfhundert praxisnahen Rollenspielen, welche Macht denen in die Hand gegeben wird, die sich partnerorientiert verhalten.

Eine Reihe von Rückmeldungen der Seminarteilnehmer, die in der Praxis mit diesem partnerorientierten Verhalten Erfolg hatten, bestärkten mich zusätzlich. Und so entstand dieses Buch.

Sein Erfolg ist darauf zurückzuführen, daß es eine Lücke in der Literatur über »Führen« schließt.

Es unterscheidet deutlich zwischen »Führungsorganisation« und »Führungsstil«, wobei dem Führungsstil, d. h. dem Kommunikationsverhalten, das Hauptgewicht zufällt.

Es gibt zwei ernst zu nehmende Einwände gegen diesen partnerorientierten Führungsstil:

1. Einwand:

Man kann Menschen damit besonders leicht manipulieren, d. h. zu Handlungen oder Unterlassungen veranlassen, die ihnen und/oder anderen schaden.

Dieser Einwand ist leicht zu widerlegen, denn das können Sie ja mit jedem Gespräch tun, wenn Sie das Ziel haben, zu manipulieren. Unethische Ziele machen jede Kommunikation zur unerlaubten Manipulation.

2. Einwand:

Viele Mitarbeiter bzw. Gesprächspartner wollen »autoritär« behandelt werden, sind also die *Sprache der Macht* gewohnt und reagieren ohne diese nicht im gewünschten Sinn. Ihr Selbstwertgefühl ist entweder so stark oder so schwach entwickelt, daß es nicht verletzt wird.

Es stimmt sicher, daß es solche Mitarbeiter gibt. Aber viele? Es liegt zwar keine Statistik vor, doch ich schätze, daß der Prozentsatz unter zehn liegt.

Diese Minderheit kann man durchaus mit der ihnen gewohnten *Sprache der Macht* ansprechen. Man muß es aber nicht tun. Erfahrungen zeigen nämlich, daß auch bei dieser Minderheit das partnerorientierte Verhalten seine Wirkung zeigt.

Wenn Sie ohne Aufwand in den Genuß der Ergebnisse

dieses Buches kommen wollen, dann schlagen Sie die Seite 94 auf.

Nach den dort beschriebenen Regeln können Sie fast jedes Gespräch erfolgreich führen. Oft genügt auch schon die Anwendung der 2. Regel: Umkehrbar formulieren.

Ich möchte Sie aber darauf aufmerksam machen, daß Sie ohne den geistigen Hintergrund: »Ich nehme meinen Partner und seine Meinung ernst« allenfalls siegen werden, aber niemals überzeugen.

Das partnerorientierte Verhalten ist nämlich keine »Masche«, kein »Rezept«, sondern die konsequente Folge einer Geisteshaltung.

Dieses Buch ist also nicht zum »nur Lesen« bestimmt. Es ist ein Arbeitsbuch. Sie sollten es immer wieder durcharbeiten. Sie sollten es vor schwierigen Kommunikations-Situationen zu Rate ziehen. Es ist ein Lehrbuch mit Langzeitwirkung.

Ich hoffe deshalb sehr, daß Sie, liebe Leserinnen und Leser, von diesem Buch Nutzen haben werden.

Gechingen 1989 Harald Scheerer

1 Die Sprache der Macht

Europäer ziehen es vor,
im permanenten Wettkampf mit anderen
zu denken und zu diskutieren.
Es ist ihre Gewohnheit,
andersdenkende Leute zu bestrafen,
indem man sie kleinkriegt.

(Stuart Miller, amerikanischer Psychologe)

Die Hierarchie

Haben Sie in Ihrer Ausbildung das Fach »Menschenführung« gelernt?

Wahrscheinlich nicht. Aber trotzdem führen Sie Menschen. Sie müssen es tun. Warum?

Weil Sie Angehöriger oder – besser gesagt – Bestandteil einer Hierarchie, einer festen innerbetrieblichen Rangordnung sind.

Es fing wahrscheinlich so an:
Sie kamen von der Hochschule oder hatten Ihre Lehre beendet und erhielten dann eine betriebliche Aufgabe, z. B. als Sachbearbeiter. Diese erledigten Sie gut und bekamen nun weitere fachliche Aufgaben dazu. Schließlich konnten Sie diese vermehrten Aufgaben nicht mehr allein bewältigen, und so wurden Ihnen Mitarbeiter zugeteilt. Diese – Ihre Mitarbeiter – brauchten irgendwann wieder Mitarbeiter. Dadurch stiegen Sie in der betrieblichen Rangordnung immer höher.
Vielleicht sind Sie jetzt so weit gestiegen, daß Sie selbst nur noch wenige fachliche Aufgaben erledigen, dafür aber um so mehr Führungsaufgaben haben. Nun müssen Sie nämlich Ihre Mitarbeiter anleiten, motivieren, kontrollieren oder – anders ausgedrückt – Sie müssen dafür sorgen, daß diese Mitarbeiter Aufgaben bekommen und daß sie diese Aufgaben schnell und richtig ausführen. Einen Teil dieser Aufgaben übertrugen Ihre

»unmittelbaren« Mitarbeiter wieder an ihre Mitarbeiter weiter und müssen nun dadurch ebenfalls Führungsaufgaben bewältigen.

Sie haben also jetzt auch noch dafür zu sorgen, daß Ihre Mitarbeiter neben der Erledigung ihrer fachlichen Aufgaben auch ihrerseits wirkungsvoll anleiten, motivieren und kontrollieren.

Chr. G. Lauterburg[3)] sagte auf einer Tagung des »Instituts für Management-Entwicklung«:
»Hierarchie ist eine auf *Einzelverantwortung, Spezialisierung* und *Rangordnung* beruhende, in eine Ein-Mann-Spitze mündende Organisation mit mehreren, meist vielen Stufen von sogenannten ›Vorgesetzten‹ und ›Untergebenen‹, von denen jeder innerhalb seines eigenen, fest abgegrenzten Zuständigkeitsbereiches mehr oder weniger weitreichende, außerhalb seines Zuständigkeitsbereiches jedoch wenig bis gar keine Einflußmöglichkeiten hat.«

Ich bitte Sie, Ihr besonderes Augenmerk auf die Formulierung »Vorgesetzte« und »Untergebene« zu richten. Ein Mensch mit Selbstwertgefühl ist nicht gern »Untergebener«; denn diese Bezeichnung bedeutet, minderwertiger zu sein als der »Vorgesetzte«.

Sehen wir uns die Pfeiler der hierarchischen Organisation einmal näher an.

1. Pfeiler: Einzelverantwortung

Jede Frau und jeder Mann im Unternehmen gehören zu einem mehr oder weniger genau beschriebenen Bereich. Für diesen Bereich ist eine Person – der Vorgesetzte nämlich – zuständig und verantwortlich.

Oft tritt diese Person an die Stelle der Funktion. Statt »Abteilung Vertrieb« heißt es »Abteilung Schmidt«, statt »Bereich Einkauf« heißt es »Bereich Kühlmann«, statt »Reparaturbetrieb« heißt es »Betrieb Wehrmann«. Der dort tätige Mitarbeiter ist dann also bei den Herren Schmidt oder Wehrmann beschäftigt.

Bei diesem Ein-Mann-Organisationsprinzip steht folgende Annahme Pate: Entscheidungen treffen – und damit Verantwortung tragen – kann nur einer.
Mehrere – oder gar Gruppen von Mitarbeitern – sind dazu nicht befähigt. Also muß einer da sein, der für Fehler oder Mängel belangt oder haftbar gemacht werden kann, der »das Sagen« hat.

Was ist aber die Folge dieser »Ein-Mann-Schau«? Menschliche Schwächen, wie Herrschsucht, Machtgelüste, Alleingänge oder einsame Entscheidungen erschweren die Zusammenarbeit und trüben das Betriebsklima. Ganz abgesehen davon ist der, der »das Sagen« hat, oft auch nicht sehr glücklich darüber, daß er Aufgaben lösen muß, die eigentlich nicht im Alleingang gelöst werden können.

2. Pfeiler: Spezialisierung (Aufgabenteilung)

In der hierarchischen Organisation hat jeder einzelne seine fest umrissene Aufgabe. Arbeitet er erfolgreich, lobt ihn sein »Vorgesetzter«, wenn nicht, versucht der Betroffene, seinen Nichterfolg zu verschleiern, oder er bekommt Unannehmlichkeiten.

Aus der Stellenbeschreibung (mündlich oder schriftlich) geht genau hervor, was jeder tun oder lassen darf. Alles andere hat ihn nichts anzugehen, da soll er sich »gefälligst raus halten«. Jeder einzelne Mitarbeiter kann sich also nicht um das Ganze, sondern nur um seinen eng begrenzten, ihm zugewiesenen Teil kümmern. Das macht ihm aber oft keine Freude. Und das damit verbundene Desinteresse birgt große Gefahren für das Unternehmen.

3. Pfeiler: Rangordnung

Was beinhaltet »Rangordnung« eigentlich?
In erster Linie *Macht.*

Wozu führt diese Macht?
Zur Herrschaft weniger über viele.

Alle die, die »oben« sind, haben es in jeder Beziehung besser. Sie erhalten mehr Informationen, sie haben mehr Durchsetzungsmöglichkeiten und bekommen mehr Geld. Sie sind »wer«. Sie können mit sich selbst einverstanden sein.

Der Standort und die Macht derer, die »oben« sind, führen aber automatisch zur Bedeutungslosigkeit und Abhängigkeit derer, die »unten« sind.
Das ist überall auf der Welt so, wo Macht ausgeübt wird oder ausgeübt werden kann. Dieses Verhaltensmuster muß nicht unbedingt schaden und kann sogar je nach Situation richtig sein. Es macht aber denkende Menschen – und solche beschäftigen wir in unseren Unternehmen – unzufrieden.

4. Pfeiler: Einzelgespräch

Die hierarchische Organisation und ihre eben beschriebenen drei Pfeiler – »Einzelverantwortung«, »Spezialisierung« und »Rangordnung« – bringen auch noch andere Eigentümlichkeiten mit sich, z. B. das Einzelgespräch.

Einzelgespräche sind etwas ganz Natürliches, denn jeder Mitarbeiter in der Organisation ist ja nur seinem direkten Vorgesetzten verantwortlich. Der Vorgesetzte wiederum betrachtet jeden seiner Mitarbeiter nur für den diesem Mitarbeiter zugeordneten Teil des Ganzen als kompetent.
Das führt zwangsläufig zu folgendem: Grundsatzprobleme, schwierige Probleme, ja auch entscheidende Probleme werden nur zu zweit oder im kleinen Kreis behandelt und entschieden. Die anderen Mitarbeiter der Organisation, die auch von diesem Problem betroffen sind, hören oft nur zufällig davon oder können die Problemlösungen erst zur Kenntnis nehmen, wenn diese bereits entschieden wurden.

Das ist die Regel bei der hierarchischen Organisation: Der Chef führt stets nur Einzelgespräche mit den verschiedenen unmittelbar Beteiligten, bildet sich aus diesen Gesprächen seine Meinung und entscheidet dann. Auch sogenannte Konferenzen bestehen häufig nur aus Einzelanhörungen durch den Chef.

Diese Art zu kommunizieren, hat Folgen.
Hier sind die wichtigsten aufgezählt:

- Einer weiß viel – die anderen wenig.
- Einer entscheidet – die anderen werden nicht gefragt.
- Von einem hängen viele ab.
- Jeder verschweigt möglichst viel.

Einer weiß viel – die anderen wenig

Die ersten drei der oben genannten Folgen beziehen sich auf den Vorgesetzten. Alle Mitarbeiter der ihm unterstellten Bereiche informieren ihn und nur ihn allein. Er wiederum bekommt von seinem Vorgesetzten Informationen über die Lage bzw. Situation. Dadurch sieht nur er – der Vorgesetzte – die bestehenden Probleme, d. h. nur er kennt die Zusammenhänge. Dieser Informationsstand verdichtet sich nach oben und verdünnt sich nach unten. Der Mitarbeiter der untersten Stufe weiß nur, was er selbst tut und – wenn er es zufällig erfährt – noch das, was seine direkten Nachbarn tun.

Einer entscheidet – die anderen werden nicht gefragt

Nur wer im Besitz aller notwendigen Informationen ist, kann entscheiden – also der jeweilige Vorgesetzte oder Chef. Er wird dabei natürlich häufig auf die Meinungen seiner Mitarbeiter zurückgreifen. Diese Meinungen sind aber durch den ungenügenden Informationsstand der einzelnen und deren mangelhaften Durchblick oft nicht genügend untermauert. Wirklich gültig und sachgerecht kann also nur der Chef entscheiden, wenn er dafür den notwendigen Informationsstand hat.

Viele Chefs bekommen trotzdem Übung im Entscheiden und entscheiden deshalb auch bei komplexen Sachverhalten durchaus erfolgreich.

Das muß zur Ehre des hierarchischen Systems gesagt werden.

Von einem hängen viele ab

Wer mehr weiß und dadurch qualifizierter entscheidet, der macht seine Mitarbeiter in hohem Maße von sich abhängig. Er entscheidet, was sie zu tun oder zu lassen haben, wie viel sie verdienen, mit wem sie zusammenarbeiten, mit wem sie Informationen austauschen dürfen und mit wem nicht; und – das ist besonders beklemmend – wie lange sie in der Organisation mitarbeiten dürfen.

Der Chef hat die Macht. So ist es in der Hierarchie. Dabei spielt es keine Rolle, ob ihm das überhaupt bewußt ist, oder ob und wie er diese Macht anwendet. Diese Abhängigkeit vom Chef wird noch durch einen wichtigen Punkt vergrößert: Persönliche Sympathien und die Art der Informationen (für den Chef interessant oder weniger interessant) sorgen dafür, daß der Vorgesetzte mit manchen Mitarbeitern häufiger spricht, mit manchen weniger oft. Wer dem Chef dadurch näher steht, besitzt im allgemeinen auch mehr Einfluß auf ihn als die anderen. Er bekommt somit wiederum mehr Informationen vom Chef, hat also größere Erfolgschancen. Das trägt nicht gerade zur horizontalen Verständigung im Unternehmen bei, sondern erzeugt unter Umständen verheerende Konkurrenzkämpfe.

Jeder verschweigt möglichst viel

Mitarbeiter betrachten Informationen als »geheim«, obwohl sie es gar nicht sind. Jeder trachtet danach, sein »Herrschaftswissen« (Informationen, die er glaubt, allein zu besitzen) für sich zu behalten. Das schafft Ärger unter Kollegen, führt zu großen Reibungen und schadet dem Unternehmen. Durch diese Situation wird der Vorgesetzte in seiner Position noch mehr gestärkt, denn er muß nun ausgleichen und vermitteln.
Vielen Chefs ist diese Situation recht – nach dem Motto: »Teile und herrsche!«

Wer nun an Mitarbeiter, Vorgesetzte und Kollegen nur solche Informationen weitergibt, von denen er glaubt, daß sie seiner Position und seinem Einfluß nicht schaden, der sorgt oft dafür, daß menschliche und organisatorische Probleme nicht gelöst, sondern verewigt werden.

Das wirkt sich um so schlimmer aus, je mehr Hierarchie-Ebenen eine Organisation, z. B. ein Unternehmen, hat.

Die Mitarbeiter verstehen »die da oben« nicht mehr, und die Spitze hat keine Ahnung, was »die da unten« für Probleme, Stimmungen und Meinungen haben.

Sprache der Macht

Zu all diesen Problemen kommt nun noch etwas, was die erwähnten Reibungen und Schwierigkeiten noch vergrößert: Das ist die *Sprache der Macht.*

Wer aufgestiegen ist, wer über die anderen »erhoben« wurde oder sich über sie »erhoben« hat, der neigt dazu, ganz automatisch »überheblich« zu sprechen.

Wer oben ist oder nach oben will, der muß sich immer wieder durchsetzen, sonst bleibt er nicht oben oder kommt nicht nach oben. Er muß also siegen. Um aber zu siegen, muß er kämpfen. Kämpfen bedeutet, den anderen so in die Enge zu treiben (durch Verletzungen, durch Hinterlist, durch Stärke usw.), daß er »besiegt« wird und damit aufgibt. Denn das Aufgeben des anderen gehört zu jedem Sieg. Jeder Sieg wiederum hinterläßt einen oder mehrere Besiegte – also Verlierer.

Und welche Hauptwaffen setzt man im Gefecht um den Sieg ein? Worte, Worte, Worte!
Will man nun hart zuschlagen, um zu siegen, dann wählt man unwillkürlich auch seine Worte entsprechend hart.

So verhalten sich seit Generationen Eltern zu ihren Kindern:
»Du bist ein ganz ungezogenes Kind.« a)

So geschieht es in der Schule:
»Du bist faul und dumm!« b)

So sagt es der Lehrherr:
»Los, los, stehen Sie nicht so faul herum.« c)

Auch bei der militärischen Ausbildung ist es nicht anders:
»Etwas mehr Bewegung, wenn ich bitten darf!« d)

Und wie ist es im Unternehmen?
Auch der Vorgesetzte bedient sich oft dieser *Sprache der Macht:*
»Da haben Sie ja mal wieder einen schönen Mist gebaut.« e)

Solche auf »Sieg« gerichtete Sprache geht den »Führenden« und denen, die es werden wollen, ganz selbstverständlich von den Lippen. Und jahrtausendelang klang es auch den »Untergebenen« ganz selbstverständlich in den Ohren. Es gehörte (und gehört) zum Rollenverständnis von Führern und Geführten.

Was macht denn im wesentlichen die *Sprache der Macht* aus? Wie entsteht sie? Warum wird sie angewendet?

Sie entsteht aus Angst oder aus Ärger, also immer dann, wenn der Sprecher ein Problem hat. Und sie wird angewendet, um das Problem und damit die Angst und/oder den Ärger des Sprechers zu beseitigen.

Analysieren wir doch einmal die eben gefallenen Äußerungen:

a) Eltern:
»Du bist ein ganz ungezogenes Kind.«
Was ist vorgefallen? Das Kind hat die Eltern geärgert oder ihnen Kummer gemacht. Es bereitet ihnen also Probleme. Die Eltern ärgern sich darüber. Es beunruhigt sie. Sie fühlen sich »gestört«. Was machen sie daher? Sie formulieren ihre Störung als Vorwurf und Beschimpfung an das Kind und verletzten damit sein Selbstwertgefühl.

b) Lehrer:
»Du bist faul und dumm!«
Der Lehrer hat sich geärgert, weil der Schüler nicht das tat oder tun konnte, was er von ihm verlangte. Er macht ihm Probleme. Also verpackt der Lehrer seinen Ärger als Vorwurf und schlägt ihn dem Schüler »um die Ohren«. Ob er sich dadurch bessert? Bestimmt nicht. Der Schüler ist verletzt und oft vor seinen Kameraden blamiert. Dadurch sinnt er im weitesten Sinn des Wortes auf Rache, d. h. auf Wiederherstellung seines Selbstwertgefühls.

Ich möchte hier einen Begriff für solche aus Ärger usw. entstehenden Äußerungen ins Spiel bringen, der den Kern des Vorgangs trifft: Der Begriff heißt *»Negative Du-Aussage«*.[1)]

Statt auszusprechen, was in einem vorgeht (»Ich ärgere mich.« – »Ich bin wütend.« – »Ich bin traurig.«), polt man das eigene Gefühl um, weil man meint (bewußt oder unbewußt), daß es nicht erlaubt oder nicht fein sei, Gefühle zu zeigen. Man verwandelt sein Gefühl in einen Vorwurf an die Person, von der die Störung des eigenen Gefühls ausgeht, die einem also Probleme macht. Dabei weiß der andere meistens gar nicht, daß er uns gestört, geärgert oder geängstigt hat. Und oft will oder wollte er ja auch keine Probleme bereiten!

Und nun wieder zu unseren Beispielen:

c) Lehrherr:
»Los, los, stehen Sie nicht so faul herum!«
Dies ist wieder eine Bemerkung, die das Selbstwertgefühl verletzt – und damit ein typischer Fall der *Sprache der Macht.*

d) Militärischer Vorgesetzter:
»Etwas mehr Bewegung, wenn ich bitten darf!«
Der Vorgesetzte ist unzufrieden mit seinen »Leuten«. Sie machen ihm Probleme. Anstatt ihnen dies zu sagen, teilt er sarkastische Befehle aus, die das Selbstwertgefühl eines denkenden Menschen verletzen müssen.

e) Betrieblicher Vorgesetzter:
»Da haben Sie ja mal wieder einen schönen Mist gebaut.«
So etwas zu hören, ist sehr deprimierend für den, den es betrifft. Natürlich soll und muß der Vorgesetzte das Fehlverhalten seiner Mitarbeiter beanstanden. Aber doch nicht durch eine solche *Negative Du-Aussage;* denn nichts anderes ist diese selbstwertverletzende Rüge.

Alle diese Äußerungen sind besonders schädlich, weil sich die so Angesprochenen nicht offen wehren können, denn sie sind auf der hierarchischen Stufenleiter die Schwächeren. Aber sie werden versuchen, es verdeckt zu tun.

Jetzt kommt der Augenblick, in dem Sie sagen werden: Aber was sollen die, die Verantwortung tragen, denn sonst sagen? Sie müssen sich doch durchsetzen. Sie haben Pflichten und Aufgaben übertragen und müssen die Durchführung überwachen usw. usw.

Natürlich ist diese Überlegung richtig. Aber wenn Sie – heute – Wert darauf legen, daß Mitarbeiter, Untergebene, Kinder usw. sich längerfristig in Ihrem Sinne verhalten sollen, dann verwenden Sie bitte diese *Sprache der Macht* nicht mehr.
Sie siegen zwar im Augenblick. Doch jeder Sieg zeugt neuen Krieg.

Traditionell gesehen war (und ist) es stets erstrebenswert, zu den »Siegern« zu gehören. Darum hatten (und haben) auch die »Verlierer« (unbewußt) Verständnis für die Sprache, die zum Sieg führt, also für die *Sprache der Macht.* Jeder Verlierer würde sie ja auch anwenden, wenn er sich dadurch den Sieg versprechen könnte.

Warum die *Sprache der Macht* heute nicht mehr zum gewünschten Erfolg führt, und durch welche Sprache sie ersetzt werden kann bzw. werden muß, möchte ich in den nächsten Kapiteln beschreiben.

Warum die Sprache der Macht heute gefährlich ist

Gesteigertes Selbstwertgefühl

Ich habe im vorigen Kapitel geschrieben: Ein Mensch mit Selbstwertgefühl ist nicht gern »Untergebener«; denn das bedeutet weniger wert – also minderwertiger – zu sein als der »Vorgesetzte«.

Es ist unbestritten, daß fast alle Menschen unseres Kulturkreises ihr Streben darauf richten, mit sich selbst, mit ihren Handlungen, Vorlieben und Empfindungen zufrieden zu sein, das heißt, Selbstachtung und ein hohes Selbstwertgefühl aufrechtzuerhalten. Dieses Streben gilt als eines der fundamentalsten Bedürfnisse des Menschen. Eine Bedrohung seines Selbstwertes versucht der Mensch daher in der Regel mit allen Mitteln zu verhindern oder zu bekämpfen. Das Selbstwertgefühl wird in hohem Maße durch Aktionen und Reaktionen aus der sozialen (z. B. der betrieblichen) Umwelt bestimmt und durch die Art und Weise, wie man Erfolge und Mißerfolge verkraftet.

Dieses Selbstwertgefühl ist bei den meisten Menschen unserer Breitengrade in den Jahren nach dem Krieg kontinuierlich gestiegen. Wer schon vor dem Krieg berufstätig war – wie ich – der weiß, daß der Umgangston in den Betrieben heute überhaupt nicht zu vergleichen ist mit dem Umgangston von damals oder mit dem in den fünfziger und sechziger Jahren. Erst das Bekanntwerden von demokratischen Errungenschaften und Gepflogenheiten und die damit verbundene Aufwertung des Individuums hat vielen Menschen ihr Selbstwertgefühl überhaupt bewußt gemacht.

Darum tönt auch heute die *Sprache der Macht* in den meisten Betrieben wesentlich gedämpfter als früher. Aber sie tönt noch. Sie existiert noch. Und dann verletzt sie mehr denn je. Und verletztes Selbstwertgefühl kann zu Unruhe, Unsicherheit, Niedergeschlagenheit, Schlaflosigkeit usw. führen. (Streß!)

Folgen der Verletzung des Selbstwertgefühls

Verletztes Selbstwertgefühl erhöht natürlich nicht die Arbeitsfreude und Arbeitslust. Umgekehrt läuft es richtig: Wer sich gut fühlt, arbeitet gut.[4)] Intaktes Selbstwertgefühl verbessert Qualität und Quantität der Arbeit.

Doch nicht nur passives Absinken der Arbeitslust und -leistung ist die Folge von verletztem Selbstwertgefühl, sondern die Verwundung kann bis zur Aggression gegen den Verletzer, den »Chef« (und auch den Kollegen) führen.

Wer durch die *Sprache der Macht* »besiegt« wird, d. h. gezwungen, etwas zu tun, was er nicht für richtig hält oder nicht gerne tut, der hat verschiedene Möglichkeiten, sich zu rächen – und damit sein verletztes Selbstwertgefühl wieder zu heilen:

- *Alten Zustand wiederherstellen:*
  Der Verletzte kann versuchen, den alten Zustand wiederherzustellen. Er macht, wenn er sich unbeaufsichtigt glaubt, das rückgängig, zu dem er gezwungen wurde. Er beseitigt also die Folgen seiner Niederlage, oder er mildert sie wenigstens.

- *Ungehorsam:*
  Der Verlierer ignoriert einfach, was der »Sieger« von ihm will. Das ist für den »Sieger« unangenehm; denn er muß den »Kampf« neu eröffnen. Und er muß den unbotmäßigen »Verlierer« bestrafen.

- *Nachlässigkeit:*
  Der »Verlierer« führt nachlässig oder falsch aus, was ihm »befohlen« wurde. Damit schadet er dem »Sieger« – und natürlich auch dem Unternehmen.

- *Rache:*
  Der »Verlierer« rächt sich am »Sieger«, indem er irgend etwas unternimmt, was dem »Sieger« schadet

und/oder ihn ärgert. Das kann ganz heimlich geschehen, so daß der »Sieger« gar nicht weiß oder merkt, woher die Schwierigkeiten kommen. Er streut also irgendwo und irgendwann »Sand in's Getriebe«.

Wozu verletztes Selbstwertgefühl führen kann, habe ich auch an mir selbst erlebt:
Während des Krieges war ich als Rekrut einem Unteroffizier unterstellt, der seine Gruppe bis auf's Blut schikanierte. Wir konnten uns nicht wehren. Deshalb war unser Selbstwertgefühl schwer angeschlagen.
Jeder von uns mußte ihm reihum morgens Kaffee auf sein Kasernenzimmer bringen.
Als er uns wieder einmal des Nachts aus den Betten getrieben hatte, damit wir den Kasernenflur saubermachten, beschloß ich, mich zu rächen.
Am nächsten Morgen war ich an der Reihe, ihm den Kaffee zu holen. Ich tat es und verrichtete unterwegs von der Küche zum Unteroffizierszimmer mein »kleines Geschäft« in den Kaffee. Das habe ich jedes Mal, wenn ich Kaffee bringen mußte, wiederholt und sah stets mit größter Genugtuung zu, wenn der Unteroffizier den Kaffee trank.
Ich dachte: »Wenn du wüßtest, Freundchen ...« Mein Selbstwertgefühl war vollständig wiederhergestellt.

Wir halten fest: Es ist gefährlich, etwas anzuordnen oder zu vereinbaren, wenn dabei das Selbstwertgefühl des Gesprächs-Partners verletzt wird, vor allem dadurch, wie es gesagt wird. Warum? Weil der Betroffene versuchen wird, das ihm Aufgezwungene möglichst schnell rückgängig zu machen, gar nicht oder unkorrekt auszuführen oder sonst irgendwie »Sand ins's Getriebe zu streuen«.

Diese Auswirkungen beschränken sich durchaus nicht nur auf Mitarbeiter. Sie können auch bei Kollegen, Geschäftsfreunden, Lieferanten usw. eintreten.

Die *Sprache der Macht* muß nicht immer »hörbar« sein. Es gibt auch andere Möglichkeiten, zu versuchen, den anderen zu besiegen.

Bitte stellen Sie sich folgende Situation vor:
Sie führen ein schwieriges Gespräch, eine knifflige Verhandlung. Ihr Gegner (ich schreibe hier absichtlich »Gegner«) spricht gerade und sagt dann etwas, was Ihnen nicht paßt.

Was machen Sie?

- Sie unterbrechen ihn.
- Sie hören nicht mehr zu. (Wahrscheinlich überlegen Sie, was Sie antworten werden, womit Sie ihn fertig machen können.)
- Sie denken: »Ein unmöglicher Mensch. So ein Quatsch, den der erzählt.«
- Sie machen ein abweisendes (unfreundliches) Gesicht.
- Sie sehen ihn nicht an (sehen weg).
- Sie lehnen sich zurück und wenden sich von ihm ab.
- Sie beherrschen sich nur mühsam.
- Sie zeigen sich gelangweilt und desinteressiert.

Bitte prüfen Sie sich ehrlich:
Tun Sie nicht einiges von dem, was ich hier aufgezählt habe? Gehen Ihnen nicht ganz ähnliche Gedanken durch den Kopf?
Sicher, Sie tun nicht alles das, und Sie denken nicht in allen Punkten so; aber einiges – kombiniert – denken oder tun Sie doch, nicht wahr?

Da haben wir schon eine Antwort auf die Frage, warum wir oft so schlecht miteinander auskommen. Diese Antwort besteht in der Reaktion des anderen – des »Gegners« – also dessen, der spricht. Der andere merkt nämlich, wie Sie reagieren. Was geht wohl in ihm vor?
Er könnte folgendes denken und empfinden:

- Der hört ja gar nicht zu.
- Der lehnt das ab, was ich sage.
- Der lehnt mich ab.
- Der denkt an etwas ganz anderes.
- Der ist aber unsympathisch.
- Der ist viel zu dumm, um zu kapieren, was ich meine.
- Der ist überhaupt nicht interessiert an dem, was ich sage.
- Es lohnt sich überhaupt nicht, mit ihm zu sprechen.

Er – Ihr Gesprächs-»Gegner« – wird vielleicht nicht alles das denken und empfinden; aber sicher einiges von dem.

Jetzt drehen Sie die Sache einmal um. Versetzen Sie sich in die Rolle des Sprechers – also desjenigen, der in einem Gespräch gerade an der Reihe ist, zu sprechen. Und der andere verhält sich genauso, wie Sie sich verhalten, wenn er spricht.

Wie würden Sie reagieren?
Wahrscheinlich ganz ähnlich. Auch Sie wären (vielleicht »nur« unterbewußt) empört über die Ignoranz, über den bösen Willen, über das Unverständnis Ihres Gesprächs-Partners (-»Gegners«). Auch Sie würden ihn unsympathisch finden und sich entsprechend gegen ihn einstellen.

Glauben Sie, daß diese Einstellung – ganz gleich, ob Sie sie haben, ob Ihr Verhandlungs-Partner sie hat, oder ob Sie sie beide haben – dem weiteren Verlauf des Gespräches förderlich ist? Ob die Chance, zu einem erfreulichen Ausgang dieses Gespräches, dieser Verhandlung zu kommen, noch groß ist? Ich glaube nicht. Und Sie glauben es wahrscheinlich auch nicht.

Oder stellen Sie sich bitte folgende Situation vor:
Ihr Gesprächs-Partner ist mächtiger als Sie. Er hat mehr zu sagen. Sie sind von ihm abhängig. Was wird er tun? Er wird das Gespräch einseitig zu seinen Gunsten führen. Er legt gar keinen Wert darauf, Ihre Meinung kennenzulernen. Er hört Sie vielleicht an, hört aber nicht zu. Er sagt Ihnen, was Sie tun sollen oder tun müssen. Er drückt Ihnen seine Meinung »auf's Auge«. Er überfährt Sie. Er gibt Ihnen keine – oder kaum eine – Möglichkeit, sich zu äußern, obwohl Sie eine (andere) Meinung haben.
Was geht dann in Ihnen vor?

Sie sind verletzt. Sie fühlen sich gedemütigt. Sie sind unglücklich. Sie fühlen sich mißachtet usw. Vielleicht sind Sie diese Behandlung gewohnt. Vielleicht halten Sie dieses Verhalten Ihres Gesprächs-Partners für durchaus in Ordnung, weil es traditionell so üblich ist. Dann empfinden Sie das, was ich eben aufgezählt habe – oder einiges davon – nur abgeschwächt oder nur im Unterbewußtsein. Ganz egal – erfreut sind Sie nicht, daß man Ihre Meinung so vom Tisch gewischt hat. Die Folge ist, daß Sie das, was Sie tun oder lassen sollen, nur halbherzig tun. Vielleicht tun Sie es gar nicht mehr, wenn Sie unbeobachtet sind. Oder Sie tun es nur, weil Sie sonst Unannehmlichkeiten hätten (Strafe, Entlassung usw.) und rächen sich an anderer Stelle, wo »man« es nicht merkt.

Eine ähnliche Situation entsteht auch, wenn der andere – der Gesprächs-Partner – Ihnen im Sprechen überlegen ist, wenn er Sie überreden kann usw. Auch dann fühlen Sie sich unbehaglich (siehe oben).

Umgekehrt ist das alles ganz genauso. Wenn Sie der Stärkere sind, und Sie nützen das aus (siehe oben), dann fühlt sich Ihr Gesprächs-Partner unwohl mit allen den beschriebenen Konsequenzen.

Bei allem, was ich bisher beschrieben habe, ist es im Prinzip gleich, ob es sich um Gespräche und Verhandlungen in der Familie, im Freundeskreis, im Beruf, in der Schule, unter Nachbarn usw. handelt – immer ist der Mensch verletzt, der das Gefühl hat, daß seine Meinung nicht oder nicht genügend gewürdigt oder sogar abgelehnt wurde. Diese Nicht-Würdigung oder Ablehnung braucht nicht mit Worten ausgedrückt zu werden, sondern meistens zeigt das Verhalten des anderen diese Ablehnung überdeutlich.

Wenn das so ist – und es herrscht wohl kein Zweifel daran, daß es so ist –, warum verhält man sich dann so? Warum schlägt man die Tür zum anderen zu, ohne daß ein anderer Grund dafür vorhanden ist als der, daß einem die Meinung des anderen gleichgültig ist, oder daß sie einem nicht paßt?

Nun, es gibt verschiedene Gründe:

1. Vorurteile:

Man hat Schlechtes über den anderen gehört oder schlechte Erfahrungen mit ihm gemacht. Oder der andere hat Ähnlichkeit mit jemandem, den man nicht leiden kann usw. usw. Also lehnt man ihn und seine Meinung (innerlich) ab.

2. Überheblichkeit:

Man hält von sich selbst sehr viel, von seiner eigenen Meinung. Man hält sich selbst für sehr wichtig – zum mindesten für viel wichtiger als den anderen.

3. Ärger:

Die Meinung der anderen Person und/oder sie selbst ärgern uns. Deshalb durchtoben uns Streßhormone. Unsere Konzentration, unser Denkvermögen funktionieren nicht richtig.

4. Rücksichtslosigkeit:

Man hat nie gelernt, auf andere Rücksicht zu nehmen, andere als Persönlichkeiten ernst zu nehmen, ihnen die Chance zu geben, sich verständlich zu machen.

5. Gedankenlosigkeit:

Man hält es für selbstverständlich, daß man recht hat. Warum soll man dann den anderen überhaupt erst anhören?

6. Kurzsichtigkeit:

Man will unter allen Umständen siegen. Dazu ist jedes Mittel recht. Nur dem anderen nicht die Chance geben, sich zu rechtfertigen oder seine Meinung zu äußern. Wie sich das später auswirken könnte, interessiert uns nicht.

7. Erziehung:

Man hat gelernt, daß es überall nur Sieger oder Verlierer gibt und daß es feiner ist, zu den Siegern zu gehören. Das möchte man unter allen Umständen auch. Deswegen ist es gefährlich, den anderen zum Zuge kommen zu lassen.

Diese Liste ließe sich bestimmt noch weiter fortsetzen.

Wir halten also fest:
Das Verhältnis der Gesprächs-Partner untereinander wird durch dieses traditionell auf »Sieg« ausgerichtete Verhalten negativ beeinflußt. Das ist für keinen Betrieb

erfreulich und nützlich; denn jeder Sieg zeugt neuen Krieg!

Wer die *Sprache der Macht* anwendet, sorgt also u. U. dafür, daß Mitarbeiter, Kollegen, Geschäfts-Partner usw. sich innerlich gegen ihn stellen und dadurch nicht in seinem Sinne handeln.

Auch von höherer (ethischer) Warte aus ist das Erzwingen von Gehorsam *(Sprache der Macht)* problematisch.

Rupert Lay[5)] schreibt dazu:
»Fragen wir uns nun, nachdem wir die Grundstruktur des Gehorsams erarbeitet haben, nach der ethischen Bedeutung des Gehorchens bzw. der Verwendung fremden Gehorsams. Es wird deutlich geworden sein, daß das Befehlen, so naßforsch, wie es von vielen Führenden praktiziert wird, ethisch nicht vertretbar ist. Die Herstellung von Gehorsamssituationen bedarf einer sehr verantworteten Güterabwägung. Bestehen ernsthafte Zweifel, daß unter Verwendung von Gehorsam ein hohes Gut geschützt oder hergestellt werden kann, ist die Herstellung einer Gehorsamssituation ethisch falsch und auch verwerflich, weil sie die Funktion des moralischen Gewissens weitgehend ausschaltet und die des sittlichen sehr begrenzt.«

Natürlich müssen Sie sich durchsetzen, wenn Sie eine ethisch vertretbare Aufgabe zu erfüllen haben – aber anders als bisher, ohne die *Sprache der Macht.*

Am Schluß dieses Kapitels soll durch die Wiedergabe

eines Gespräches noch einmal deutlich gemacht werden, wie es oft ist, aber nicht sein sollte: den Partner durch die *Sprache der Macht* zu besiegen.

Beispiel: Stab – Linie

Beschreibung der Situation

Im vorliegenden Fall geht es um den Dipl.-Ingenieur Wagner. Er ist ein erstklassiger Planungsfachmann, der in der Stabsabteilung des Betriebes mit der Ausarbeitung von Netzplänen beauftragt ist.

Der Leiter dieser Stabsabteilung, Herr Felden, hört nun von vielen Linien-Managern ständig Klagen über das rechthaberische Auftreten Wagners. Daran kann Felden nicht gelegen sein, denn seine Stabsabteilung ist erst vor zwei Jahren installiert worden. Felden kämpft immer noch um ein positives Image seiner Abteilung, da dieser Stab sowohl von der Geschäftsleitung als auch von der Linie mit einem gewissen Mißtrauen betrachtet wird. Eine Ansammlung hochqualifizierter »Eierköpfe« ist immer verdächtig!

Felden hat sich deshalb entschlossen, das Verhalten Wagners in einem persönlichen Gespräch zu kritisieren.
Felden bietet Wagner den Platz gegenüber an seinem Schreibtisch an.

1. nicht-partnerorientierte Fassung

Felden:

Sprache der Macht

»Ich habe Sie kommen lassen, um mit Ihnen über einige Beschwerden zu reden, die in der letzten Zeit lautgeworden sind.
Einige meiner Kollegen, für die Sie Netzpläne machen, haben sich darüber beschwert, daß Sie sich im letzten Vierteljahr unmöglich benommen haben.
Sie lassen sie nicht ausreden, Sie sind patzig, Sie sind rechthaberisch, um nur einiges zu nennen.
Sie wissen doch eigentlich genau, Herr Wagner, daß wir uns das nicht leisten können. Unsere Abteilung ist noch nicht fest etabliert. Sie kämpft noch um ihre Anerkennung. Deshalb bin ich über Ihr Verhalten doch sehr erstaunt. Haben Sie dafür eine Erklärung?«

Wagner:
»Ich würde doch gern mal wissen, wer das alles gesagt hat.«

Felden:

Sprache der Macht

»Mich interessiert nur eines, stimmt es oder stimmt es nicht?«

	Wagner:
Aggression	»So, wie Sie es vorgetragen haben, stimmt es jedenfalls nicht.«
	Felden:
Sprache der Macht	»Wieso? Zweifeln Sie daran, daß ich die Aussagen meiner Kollegen richtig wiedergegeben habe?«
	Wagner:
	»Nein, nein, ich bestreite nur die Richtigkeit dieser Aussagen!«
	Felden:
Sprache der Macht	»Ich kann mir nicht vorstellen, daß meine Kollegen – ganz unabhängig voneinander – sich so etwas aus den Fingern saugen! Irgend etwas muß also dran sein.«
	Wagner:
Verteidigung = Aggression	»Ich habe aber eher den Eindruck, daß es umgekehrt ist. Ich stoße auf wenig Verständnis für meine Pläne.«
	Felden:
Sprache der Macht	»Natürlich, wie man in den Wald hineinruft, so schallt es heraus. Bitte stellen Sie das ab, und finden Sie wieder zu dem guten Ton zurück, den Sie ja offensichtlich früher gehabt haben. Einverstanden?«

Wagner:
»Ich bin mir zwar gar keiner Schuld bewußt, aber ich will es versuchen.«

Das war ein typisches Gespräch in der *Sprache der Macht.* Felden war überzeugt von der Schuld Wagners. Er zeigte ihm das deutlich und verlangte Änderung des Benehmens, ohne zu prüfen, welche Ursachen vorlagen.

Wagner mußte im Gespräch und in der Sache unterliegen. Ihm wurde *befohlen,* sich zu ändern. Das mußte sein Selbstwertgefühl selbst dann verletzen, wenn die Vorwürfe gestimmt hätten.

Die Folgen dieses Gespräches sind:

1. Wagner ist verletzt. (Er wurde besiegt.)
2. Er ist wütend auf Felden.
3. Er wird seine Arbeit in Zukunft
   a) verunsichert,
   b) unlustig
   verrichten.

Halten Sie einen solchen oder ähnlichen Gesprächsverlauf für unrealistisch? Wahrscheinlich nicht.

Halten Sie ihn für gut? Wahrscheinlich ebensowenig.

Auf Seite 134 habe ich dieses Gespräch noch einmal beschrieben.
Diesmal mit partnerorientiertem Verhalten Feldens.

2 Wie die Sprache der Macht überwunden werden kann

Nur der Führende gewinnt
den notwendigen Freiheitsraum
für seine Selbstentfaltung,
dem es gelingt,
seine Untergebenen
aus ihrer Abhängigkeit von ihm
zu befreien.[6)]

Veränderung der Rolle des Vorgesetzten

Wie kommt es nur, daß wir uns so intensiv um Maschinen, Anlagen, Produktion, Marketing- und Verkaufsmethoden, Einkaufs- und Logistikverfahren, Analysen, Prognosen usw. kümmern, aber nicht um die Menschen, die alles erst mit Leben füllen, und ohne die nichts geht?

Ich kann und will hier nicht das hierarchische Organisationsprinzip abschaffen oder auch nur in Frage stellen. Das versuchen schon andere, die dafür berufener sind als ich.
So sagte z. B. Sven Söderberg[3)] dazu:

»Die Rolle des Vorgesetzten muß sich drastisch ändern, wenn Gruppenorganisation eingeführt wird – von einem Planen-Führen-Kontrollieren-Modell zu einem Trainieren- und Unterstützen-Modell. Unsere Beobachtung der Feldarbeit ergab, daß Vorgesetzte sich in drei Stufen an ihre neue Rolle anpaßten: Stark aufgabenorientiert, solange die Gruppe unmittelbares technisches Training benötigte; beziehungsorientiert, solange die Gruppe in der Einübungsphase positive Verstärkung brauchte; schließlich gänzliche Rücknahme der Vorgesetztenrolle, als die Gruppe am Ende allein managen konnte.«

Und Christian Lauterburg meint:[7)]
»Die Arbeitswelt wird ihre Krise nur überstehen, wenn Firmenführung und Mitarbeiter zusammen entschei-

den und verantworten. Die Hackordnung hat keine Zukunft.«

Veränderung der Organisationsstruktur

Wir alle gehen im Leben dauernd mit Systemen um. Viele von uns haben längst begriffen, daß jedes System seine »Hardware« und seine »Software« hat, und daß beide – wie der Computer als Beispiel deutlich zeigt – aufeinander abgestimmt werden müssen. Wir wissen auch, daß ein Betrieb ein »soziales System« ist. Die »Hardware« ist seine organisatorische und technische Struktur, die »Software« ist das kommunikative und kooperative Verhalten der im Betrieb arbeitenden Menschen. Auch hier müssen »Hardware« und »Software« aufeinander abgestimmt sein. Die »Hardware« (Organisation) muß es der »Software« (Kommunikation) überhaupt erst möglich machen, ein solches Klima zu schaffen, in dem wiederum ein optimales Funktionieren der »Hardware« gewährleistet ist. Das ist ein Regelkreis. Dieser funktioniert aber in den meisten Betrieben nicht gut, weil *gute* Kommunikation *Gruppen* voraussetzt, die hierarchische Organisation aber *Einzelkämpfer* hervorbringt.

Die meisten Chefs beharren noch auf der Meinung, daß den »Arbeitnehmer« (wenn wir den Mitarbeiter einmal mit diesem schrecklichen Ausdruck belegen wollen) nur möglichst wenig Arbeit für möglichst viel Geld interessiert. Er – der »Arbeitnehmer« – wäre demnach also ein egozentrischer, gleichgültiger und verantwortungsloser Materialist.

Wer so denkt, verwechselt aber Ursache mit Wirkung. Solch ein Verhalten der Mitarbeiter ist nur die Konsequenz aus der Organisationsstruktur. Untaugliche Organisationsstruktur erzeugt untaugliche Mitarbeiter.

Betriebliche Organisation ist nichts anderes als das richtige Zusammenwirken von Kooperieren, Entscheiden und Kommunizieren.

Da Zusammenarbeit und Entscheidungen Fällen ebenfalls Kommunikation voraussetzen, ist Organisation im Grunde nichts anderes als Kommunikation.

Wie kann aber die Organisation in einem Betrieb – und damit der Betrieb überhaupt – erfolgreich sein, wenn durch die wiederholt zitierte *Sprache der Macht* die Kommunikation in Frustration endet?
Der psychische Druck, der in hierarchischen Organisationen von Vorgesetzten auf Untergebene ausgeübt wird – allein durch das Rollenverhältnis –, ist groß. Kommt dazu noch die *Sprache der Macht* – was fast selbstverständlich ist –, dann wird der durch die Hierarchie zwangsläufig verursachte Streß (= Verletzung des Selbstwertgefühls) extrem gesteigert.

Wozu das führen kann, zeigt ein Versuch. Es handelt sich um das

»Modell zur Förderung der Steuerungspotentiale von Industriearbeitern«.

Das Projekt wurde mit 1,5 Mio. DM Forschungsmitteln unterstützt. Geleitet hat es Professor Walter Girschner. Durchgeführt wurde es in den Montanwerken Walter. Das Entscheidende dieses groß angelegten Versuchs war die Einrichtung von *dezentralen Problemlösungsgruppen*, verbunden mit einem permanenten Appell an die Kreativität der Mitarbeiter – insbesondere der Arbeiter. Ein sehr mutiger Modellversuch also, weil er *gegen klassische Vorurteile* läuft, die u. a. besagen, daß der Arbeiter gerade dadurch gekennzeichnet sei, daß er nicht mitentscheiden möchte oder kann.

Das Ergebnis dieses großen Langzeit-Tests ist zum Teil überraschend positiv. Es lohnt sich demnach, Arbeiter mitdenken, mitplanen und mitentscheiden zu lassen. Sie sind in der Lage, eine konstruktive Kreativität zu entwickeln.
Bedeutsam sind die Nebenergebnisse.

Anfangs taten sich fast alle schwer, wirklich mitzuentscheiden. Besonders die Arbeiter waren so sehr Gefangene der eigenen und der fremden Vorurteile, daß sie am Anfang eher mit »Was soll der Quatsch« reagierten. Große Probleme (das haben auch andere Studien ergeben) hatten die Meister in den Werkstätten. Sie hatten es besonders schwer, sich vom traditionellen männlichen Kommandostil (*Sprache der Macht*) zu trennen.

Sehr viel hatten die Soziologen am mittleren Management auszusetzen. Hier war besonders intensiver Widerstand zu beobachten. Die Kooperationswilligkeit der Mittelmanager war untereinander gegeben, aber nicht nach unten, d. h. zu den Arbeitern. Diese »Blokkade nach unten« ließ sich auch nur sehr schwer brechen. Sie hat während des gesamten Tests nicht nachgelassen und ist u. a. die Ursache dafür, daß gegen Ende erhebliche Teile der beteiligten Arbeiter doch wieder resignierten.

Qualitäts- und Motivations-Programme sind also im Prinzip zum Scheitern verurteilt, wenn das starre Festhalten an Hierarchie-Gewohnheiten nicht aufgelöst werden kann. Die dadurch entstehende Blockade nach unten zerstört den Erfolgs-Faktor »kollektive Intelligenz«.

Wie Spitzenleistungen entstehen

Zwei wissenschaftliche Mitarbeiter von McKinsey Company Inc. haben untersucht[6)], worauf der langfristige Erfolg der ihrer Ansicht nach erfolgreichsten amerikanischen Firmen zurückzuführen ist.

Ich bin überzeugt davon – und ein Symposium im Juli 1984 in München erhärtete meine Meinung –, daß diese Erkenntnisse ganz stark auch für deutsche Unternehmen gelten sowie auch für deutsche Töchter amerikanischer Unternehmen.

Hier einige Zitate aus dem Buch[6], in dem die Ergebnisse dieser Untersuchungen festgehalten sind:

- »Ich glaube, der wirkliche Unterschied zwischen Erfolg und Mißerfolg läßt sich sehr häufig darauf zurückführen, wie gut es das Unternehmen versteht, die großen Energie- und Talentreserven seiner Mitarbeiter zu nutzen.«

  (Thomas Watson jr.)

  Herr Watson weiß, was er sagt, denn IBM gehört seit vielen Jahren zu den erfolgreichsten Unternehmen der Welt.

- »Die exzellenten Unternehmen haben eine tief verwurzelte Philosophie mit den Geboten: ›Achte den einzelnen.‹ – ›Laß die Menschen Freude haben.‹ – ›Laß sie sich hervortun.‹ – ›Behandle die Menschen als Erwachsene.‹«

- »Bei den exzellenten Unternehmen war nichts häufiger zu spüren als die Achtung vor dem einzelnen.«

- »Diese Unternehmen geben ihren Mitarbeitern die Möglichkeit, ihr Geschick selbst zu beeinflussen. Sie lassen es zu, daß ihre Mitarbeiter sich hervortun, ja, sie drängen sogar darauf, sie betonen das Positive.«

- »Noch eine letzte klärende Vorbemerkung: Wir plädieren nicht dafür, daß Mitarbeiter in Watte gepackt werden sollen, wir plädieren für die illusionslose

Achtung vor dem einzelnen und die Bereitschaft, ihn weiterzubilden, ihm vernünftige und klare Ziele zu setzen und ihm in der Praxis so viel an Freiraum einzuräumen, daß er an seinem Platz einen eigenen Beitrag leisten kann.«

- »Dabei sind die Lippenbekenntnisse wahrscheinlich sogar die größere Katastrophe. ›Mitarbeiterfragen nehmen meine ganze Zeit in Anspruch‹, lautet die typische Erwiderung. Im Klartext heißt das oft: ›Alles wäre so einfach, wenn nicht immer das Personal wäre!‹«

- »Quelle der erfolgsbedingten Grundtugenden sind vorwiegend die ›weichen‹ Elemente (Stil der Führung, Spezialkenntnisse, Qualifikation des Stammpersonals, Selbstverständnis der Unternehmensstruktur).«

- »Die Triebkraft des Menschen ist ein wesensimmanenter ›Dualismus‹: Er hat das Bedürfnis, Teil eines Ganzen zu sein und zugleich aus der Masse herauszuragen. Er muß ein angepaßter Mitspieler einer siegreichen Mannschaft sein und sich gleichzeitig als Star profilieren können.«

  (Ernest Becker)

- »Die besonders erfolgreichen Unternehmen unterscheiden sich also durch eine wirklich umfassende Mitarbeiter-Orientierung von den Normalunternehmen. Dabei sind die Ansprüche, die an die Mitarbeiter gestellt werden, wahrscheinlich höher als bei den

Normalunternehmen mit ihren komplizierten Kontrollsystemen und dem oft umfassenden autoritären Führungsstil. Das liegt an den hohen Erwartungen, die bei den erfolgreichen Unternehmen den Mitarbeitern entgegengebracht werden, und an den ständigen – zumeist informellen – Leistungsvergleichen.«

Im Mittelpunkt der gesamten innerbetrieblichen Ausrichtung dieser erfolgreichen Firmen steht also ganz eindeutig die *Mitarbeiter-Orientierung*.

Das Geheimnis der Produktivität – und damit ihres Erfolges – gipfelt also in der Erkenntnis:
»Jeder Mensch fühlt sich gut, der geachtet wird und sich selbst achtet.«[6)]

Wodurch entsteht diese Achtung bzw. Selbstachtung?

- Durch das Wissen, die »Besten« zu sein.

- Durch das Wissen, daß jeder einzelne wichtig ist.

- Durch das Wissen, daß das Unternehmen Spitzenprodukte erzeugt.

- Durch das Wissen, daß jeder zur ständigen Innovation aufgerufen ist, und daß man deshalb auch Fehler machen darf.

- Durch das Wissen, daß die Kommunikation nicht an formale Wege und Instanzen gekettet ist.

- Durch das Wissen, daß die wichtigsten Menschen in einem Unternehmen die sind, die die Dienstleistung und das Produkt erbringen bzw. herstellen oder veredeln – nicht also die »Aufseher« und »Verwalter« dieser Menschen und deren Arbeit.

- Durch das Wissen, daß jede Tätigkeit für das Unternehmen einen Sinn hat.

- Durch das Wissen, daß jeder ein Mindestmaß an Einfluß besitzt.

- Durch Erfolgserlebnisse verschiedenster Art für möglichst viele.

- Durch ungeheuren Stolz auf das Unternehmen.

Deutlich erkennbar ist dieser hohe Stellenwert des Menschen in den »Zielsetzungen« (auch für Deutschland) von Hewlett-Packard.

Hier ein Auszug:

»Wir sind stolz auf unsere Mitarbeiter, ihre Leistung und ihre Einstellung zur Arbeit und zum Unternehmen. Das Unternehmen wurde auf die einzelnen Mitarbeiter, deren Selbstachtung und die Anerkennung ihrer persönlichen Leistungen aufgebaut.

Das Betriebsklima innerhalb des Unternehmens hängt ab von der engen Zusammenarbeit zwischen einzelnen und Gruppen sowie vom Vertrauen und Verständnis zwischen Vorgesetzten und Mitarbeitern.

Die Beziehungen zwischen unseren Mitarbeitern können nur dann gut sein, wenn jeder einzelne von der Integrität der Motive seiner Kollegen, der Vorgesetzten und des Unternehmens selbst überzeugt ist.

Gelegentlich kann es vorkommen, daß persönliche Probleme vorübergehend die Leistung oder das Verhalten eines Mitarbeiters beeinträchtigen. Es ist wichtig, daß die Kollegen und Vorgesetzten einen Mitarbeiter, der sich in einer derartigen Situation befindet, besonders verständnisvoll und entgegenkommend behandeln, um ihn bei der Lösung seiner Probleme zu unterstützen.

Ein wichtiges Ziel von HP ist, seinen Mitarbeitern sichere Arbeitsplätze zu bieten. Im Laufe der Vergangenheit hat sich die Anzahl der HP-Mitarbeiter kontinuierlich erhöht. Dies wurde erreicht durch die Entwicklung einer Vielzahl guter neuer Produkte und durch Verzicht auf Aufträge, welche nur kurzfristige Beschäftigung und nachfolgende Überkapazitäten bedeutet hätten. HP ist vielmehr an einer langfristigen Zusammenarbeit mit leistungsbereiten und leistungsfähigen Mitarbeitern interessiert.

Ein anderes Ziel von HP's Personalpolitik ist es, die Mitarbeiter am Unternehmenserfolg zu beteiligen. Dies schlägt sich auch im Gehaltssystem und in einem Sozialleistungspaket nieder, mit denen sich HP zu den führenden Firmen unserer Branche zählen kann.

HP fühlt sich in hohem Maße verpflichtet zur Chancengleichheit aller Mitarbeiter, gleich welcher Rasse oder gesellschaftlichen Gruppe. Dies zeigt sich auch darin, daß Beförderungen ausschließlich auf der Basis persönlicher Initiative, Fähigkeiten und erbrachter Leistung vorgenommen werden.

Da es einer unserer Grundsätze ist, Führungspositionen nach Möglichkeit aus den eigenen Reihen zu besetzen, ist jeder Vorgesetzte verpflichtet, einen aktiven Beitrag zur Entwicklung des ihm unterstellten Personals zu leisten. Alle Mitarbeiter werden entsprechend ihren individuellen Fähigkeiten geschult, um ihre Kenntnisse zu vertiefen und sich für die Übernahme zusätzlicher Aufgaben zu qualifizieren.

Schon immer war es für uns eine Selbstverständlichkeit, für saubere und die Gesundheit unserer Mitarbeiter nicht gefährdende Arbeitsplätze Sorge zu tragen. Mit zunehmender Komplexität und Diversifikation unserer Forschung und Produktion müssen wir noch mehr darauf achten, daß unsere Mitarbeiter gesund bleiben und sich wohl fühlen.

Wir möchten, daß unsere Mitarbeiter Freude an der Tätigkeit bei HP haben und stolz auf ihre Leistungen sind. Das heißt, wir müssen sicherstellen, daß unsere Mitarbeiter die Anerkennung erhalten, die sie benötigen und verdienen. Letzten Endes bestimmen die Mitarbeiter aller Bereiche den Charakter und die Stärke unseres Unternehmens.«

Ich weiß aus eigener Anschauung, daß diese Führungsgrundsätze bzw. die gegenüber der landläufigen Auffassung völlig andersartige Stellung der Mitarbeiter im Unternehmen nicht nur auf dem Papier stehen, sondern praktiziert werden.

Auch auf meine Frage, worauf er den Erfolg von HP in Deutschland zurückführe, antwortete mir Geschäftsführer Heinz Fischer: »In erster Linie auf die Mitarbeiter.«

Dazu kommt vielleicht noch zusätzlich ein wichtiger Umstand:
Wir alle suchen nach einem Sinn in unserem Leben. Wer uns diesen Sinn gibt, dem bringen wir gern und freiwillig große Opfer. Für viele ist das Unternehmen, die Firma dieser »Sinngeber«.

Die traditionell überkommenen Werte sind oft verblaßt: Religion, Familie, Heimat, Vaterland usw. An ihre Stelle kann dort, wo sie sich »menschlich« zeigt, die Institution, die Organisation, z. B. die Firma treten.

Der neue Führungsstil

Mit Fachwissen und hierarchischer Autorität allein kann also heute niemand mehr Chef sein (Menschenführer, Unternehmer, Manager, Meister). Es werden dazu von ihm Eigenschaften und Verhaltensweisen gefordert, die bisher eher als »Schwächen« betrachtet wurden:

- Achtung vor dem Mitarbeiter.

- Vertrauen zu dessen Leistung.

- Ständige Information der Mitarbeiter über den Sinn ihrer Arbeit, über ihre Leistung, über den Stand des Unternehmens.

- Stärkung des Selbstwertgefühls der Mitarbeiter.

- Überzeugen der Mitarbeiter von der Wichtigkeit der Ziele, die ihnen vorgegeben sind.

- Sie für diese Ziele begeistern.

- Den Daseins-Sinn und die Wertvorstellungen des Unternehmens unaufhörlich verbreiten und vorleben.

Chester Barnard, früherer Präsident von New Jersey Bell, formulierte dem Sinn nach:
»Die Aufgabe einer Führungspersönlichkeit besteht darin, die sozialen Kräfte im Unternehmen in positive Energie umzuwandeln, Wertvorstellungen zu entwikkeln und in sinnvolle Bahnen zu lenken.«

Es wird deutlich, daß dieses Denken mit dem Führungsstil überkommener Art nichts mehr oder nur noch wenig zu tun hat.

Theoretisch gibt es eine Reihe von »Führungsstilen« (autoritär, kooperativ, partizipativ usw.). In der Praxis sind es immer Mischungen, die zumeist nicht durch ein rationales Konzept zustande kommen, sondern durch die jeweilige Situation bedingt sind. Das ist wohl richtig so.

Aber viel entscheidender für den Führungserfolg ist die positive Motivation der Mitarbeiter. Die hängt nun nicht nur vom Führungsstil ab, sondern von der Art, wie dieser Führungsstil kommuniziert wird. Bei jedem Führungsstil kann man nämlich motivieren wie auch demotivieren.

Vergleichen wir einmal den autoritären und den partizipativen Führungsstil:
Beim autoritären entscheidet der Führende allein, beim partizipativen beteiligt er die Mitarbeiter an den Entscheidungen.

Der autoritäre Führungsstil wird von Mitarbeitern, die ein entwickeltes Selbstwertgefühl haben, oft als unangenehm und bedrückend empfunden. Warum? Weil jeder Mensch seinem beruflichen Leben einen Sinn geben will, weil er etwas bedeuten möchte.

Das ist der Fall, wenn er an Entscheidungen mitwirken kann, die in seinen Augen wichtig sind, oder wenn er diese sogar selber fällen muß. (Partizipativer Führungsstil)
Das ist aber nicht der Fall, wenn er stets gesagt bekommt, was er tun oder nicht tun soll. (Autoritärer Führungsstil)

Oft verletzt der autoritäre Führungsstil das Selbstwertgefühl des Mitarbeiters gleich zweimal (womit nichts gegen den durchaus notwendigen Einsatz des autoritären Führungsstils in bestimmten Situationen gesagt werden soll):

1. Durch die Nicht-Mitwirkung an den Entscheidungen.
2. Durch die Art der Auftragsübermittlung (Sprache der Macht).

Beispiel:
»Ich wünsche, daß die Angelegenheit sofort erledigt wird.«

Hier kommt zum autoritären Führungsstil (keine Mitwirkung des Mitarbeiters an der Entscheidung) noch der autoritäre Ton (Befehl). Beides demotiviert den Mitarbeiter, verletzt sein Selbstwertgefühl.

Würde der Vorgesetzte jedoch sagen:
»Ich wäre sehr dankbar, wenn Sie die Angelegenheit schnell erledigen könnten«, dann würde das Selbstwertgefühl des Mitarbeiters nicht so verletzt, und der Führungsstil würde, obwohl er nach wie vor autoritär ist, vielleicht nicht als so autoritär empfunden.

Bei Achtung des Selbstwertgefühls werden auch unangenehme Aufträge oft ohne Ablehnung entgegengenommen und ausgeführt.

Wir bezeichnen manchmal einen Mitarbeiter als schwierig. Wir finden seine Leistung unzureichend und

halten ihn für einen Versager. Wir machen uns aber kaum Gedanken, woran das liegen könnte.
Es können Charakterfehler sein, mangelndes Können, mangelnde Begabung.
Kann es aber nicht auch an mangelnder Motivation liegen?

Sie haben vielleicht auch schon erlebt, daß ein »schlechter« Mitarbeiter plötzlich gut wird, nur weil sein Chef gewechselt hat. Waren Sie als Schüler nicht auch unterschiedlich erfolgreich, je nachdem, welchen Lehrer Sie hatten?

Beispiele für das Überwinden des hierarchischen Systems und der damit verbundenen »Sprache der Macht«

Es handelt sich bei diesen Beispielen um zwei mittelständische Firmen.

Deutsches Beispiel

Aus eigener Anschauung kenne ich die Firma wolfcraft in Weibern/Eifel.

Hier einige Auszüge aus einer Broschüre, die das Unternehmen offen beschreibt:[8)]

»Das wolfcraft-Unternehmen produziert und verkauft Werkzeuge und Geräte für Heimwerker. 60 Prozent sind eigene Produktion, 40 Prozent Handelsware. Der Umsatz liegt bei 65 Mio. DM pro Jahr. Der Exportanteil beträgt 40 Prozent. wolfcraft hat 220 Mitarbeiter.

Die wolfcraft-Anfänge

Robert Wolff zog in den 60er Jahren mit seinem Unternehmen in die Eifel.
Das Unternehmen vergrößerte sich. Der Erfolg auf den Märkten bestätigte, daß die Produktpalette richtig gewählt war und das Marketing stimmte. Neue Hallen und Gebäude wurden gebaut.

Indes: Die Leistung der Arbeiter und Angestellten hielt mit der Entwicklung nicht Schritt. Allgemeiner Trott breitete sich aus. Gearbeitet wurde nach Schema F. Die Krankmeldungen nahmen zu.

Was war zu tun, um die Produktion den Anforderungen des Marktes entsprechend weiter zu steigern? Wieder Hallen bauen, Maschinen aufstellen und weitere Mitarbeiter einstellen – also sich alle Risiken eines schnell wachsenden Unternehmens aufladen? Oder an einem anderen Standort, wo Wachstumskosten und -risiken erträglich waren, nochmals beginnen?

Wenn Händlerfirmen der Branche, des Heimwerkermarktes, schon fast 50 Prozent ihrer Ware in Niedriglohnländern einkauften, war das schließlich ein deutliches Signal.

Das Ergebnis der Überlegungen war: Man müßte versuchen, die Mitarbeiter für ein stärkeres Engagement zu gewinnen. Mit der Befriedigung der Bedürfnisse auf dem Markt ›Unternehmen‹ müßte die Arbeitsmotivation so verbessert werden, daß eine wesentlich höhere Produktivität erreicht würde, die im Wettbewerb – insbesondere mit asiatischen Schwellenländern – dem Unternehmen mehr als eine Überlebenschance gäbe, trotz Produktion im Bereich niedriger Technologie und trotz des Standortes in einem Hochlohnland.

Mitarbeiter sind Gewinnproduzenten

Machtvollzug im Unternehmen muß sich auf ein umfassendes Informationssystem stützen. Nur dann entwickelt sich Eigenmotivation und damit das Gefühl frei erbrachter Leistung anstelle von erzwungener Leistung.

Von ihrer Zielsetzung her sinnerfüllte Arbeit führt zu großer persönlicher Befriedigung. Worte wie ›Fremdbestimmung‹ und ›Ausbeutung‹ haben dann endgültig ausgedient.

In jedem Unternehmen muß neben der technokratischen auch die emotionale Steuerungsebene wahrgenommen und ausgefüllt werden.

Mitarbeiter sind nur für die Buchhaltung Kosten; ansonsten sind sie Gewinnproduzenten, die an Flexibilität nicht zu übertreffen sind.

Ein Zuviel an Schematisierung und Standardisierung in

den Betriebsabläufen engt die unternehmerische Tätigkeit der Mitarbeiter ein.
Handlungsmotiv für die Beteiligung der Mitarbeiter ist nicht Menschenfreundlichkeit, sondern Eigennutz. Der aber ist nur zu haben, wenn zuvor anderen ein Nutzen verschafft wird.

Die Einstellung von Unternehmern zu ihren Mitarbeitern ist sehr unterschiedlich. Für den einen sind die Arbeiter und Angestellten Personal an den Maschinen, für den anderen die Soldaten und Mannschaften im Kampf um Marktanteile. Der eine nennt sie Arbeitskräfte, der andere Mitarbeiter. Wieder andere sehen sie ausschließlich als Kostenfaktoren.
Wer und was sind denn aber die Menschen in den Betrieben? Genau dieselben, die man als Verbraucher aus der Marktforschung bestens kennt.

Menschen haben Bedürfnisse, nicht nur, wenn sie in den Supermarkt gehen, sondern auch im Betrieb. Zum Beispiel möchte jeder anerkannt und respektiert werden. Nicht Rädchen im Getriebe sein, anonym und austauschbar, sondern geachtet und unverwechselbar. Man möchte die Achtung derer, die mit ihrer Meinung im Betrieb maßgebend sind und ihrerseits großen Wert darauf legen, anerkannt zu werden.

Das Unternehmen ist ein Markt starker immaterieller Bedürfnisse: sinnvolle Arbeit, Chancengerechtigkeit, sicherer Arbeitsplatz, soziale Geborgenheit, Selbstverwirklichung. Auch wenn sich nie paradiesische Zustände werden erreichen lassen: Viele Bedürfnisse lassen sich zufriedenstellend erfüllen. Manche davon können ausschließlich am Arbeitsplatz befriedigt werden.

Als Robert Wolff in seinem Unternehmen Marktforschung machte, um die ›Nachfrage‹ seiner Mitarbeiter zu erfahren, fand er lauter ihm vertraute Bedürfnisse. Er selbst hatte als Arbeitnehmer ähnliche Wünsche gehabt – und sich deshalb selbständig gemacht: Freude an Leistung; Leistung, die Einkommen und Anerkennung schafft; Leistung, die einem das Gefühl gibt, lebenstüchtig zu sein, die einem das Selbstvertrauen gibt, seinen Mann stehen zu können; Wissen um den Sinn der Arbeit, die man tut; Wissen um die Zusammenhänge, die Arbeit notwendig und sinnvoll machen; Erleben der Erfolge, die sinnvolle Arbeit möglich macht.

Der Mitarbeiter ist König

Führungsverhalten muß glaubwürdig sein, sonst bleiben die leistungsmindernden Vorbehalte bestehen, z. B. die Meinung, Arbeit nutze dem Arbeitgeber mehr als dem Arbeitnehmer. Daher muß die Kunden-Einstellung zu den Mitarbeitern möglichst schnell zur allgemeinen Erfahrung im Unternehmen werden. Und sie muß kontinuierlich bestätigt werden, vor allem dann, wenn es dem Unternehmen einmal nicht so gut geht.

Robert Wolff ging deshalb zu seinen Mitarbeitern/Kunden mit folgendem Angebot:

1. Regelmäßige Information über alle unternehmensrelevanten Vorgänge.

2. Weiterbildung zur Steigerung der persönlichen Einsichten und Fähigkeiten.
3. Selbständiges Arbeiten im Rahmen des jeweiligen Arbeitsbereiches.
4. Ausgleichssport in einer unternehmenseigenen Turn- und Schwimmhalle.
5. Monatlich in bar ausgezahlte Erfolgsbeteiligung.

Wer durch die Annahme des Arbeitsplatzes bei wolfcraft dieses Angebot annimmt, verpflichtet sich zu entsprechender Gegenleistung: unternehmerische Mitarbeit, d. h. volle Konzentration und voller Einsatz für den Erfolg des Unternehmens.

Wer da nicht mitmacht, gilt als ›fauler Kunde‹, der zwar das Angebot annimmt, aber den Preis dafür nicht bezahlt. Der Mitarbeiter ist bei wolfcraft König. Wie jeder Kunde muß er aber auch bezahlen. Robert Wolff hat erfahren, daß die Mitarbeiter dazu bereit sind.

Man sollte sich über Gedankenlosigkeit und Nachlässigkeit der Mitarbeiter nicht wundern, wenn man die Voraussetzungen für die engagierte Mitarbeit – und zwar in allen Positionen des Unternehmens – nicht geschaffen hat. Aber wie viel Angst herrscht auf Führungsebenen, sich in die Karten sehen zu lassen.

Es gehört Mut und Selbstüberwindung dazu, sein Herrschaftswissen – mit dem man ja auch seine Fehler verstecken kann – aufzugeben. Vieles sträubt sich in einem, und man läßt selbst bei besserer Einsicht dann doch lieber alles beim alten.

Anders bei wolfcraft: Nach der klaren Einsicht, daß nur *informierte Mitarbeiter* zu *engagierten Mitarbeitern* werden und aufgrund der Erfahrung, daß uninformierte Mitarbeiter für Gerüchte anfällig sind und der Desinformation von außen leicht aufsitzen, machte Robert Wolff sein Unternehmen zu einem ›Betrieb der offenen Schubladen‹.

Der Anfang sah so aus: In den einzelnen Arbeitsbereichen wurden Tafeln aufgehängt, auf denen die eingehenden Aufträge mit Artikel, Menge, Auftraggeber und Lieferdatum mitgeteilt wurden. Das hatte eine ungeheure Wirkung. Keine geheimen Auftragsbücher mehr, sondern für jedermann verfolgbar die Auftragslage. Während die Mitarbeiter früher dem Betriebsleiter glauben mußten, wie dringend ein Auftrag sei und nur ahnen konnten, ob es der Firma gut oder schlecht ging, wußte man das jetzt. Auch ließ sich nun folgern, welche Abteilung mit welchen Arbeiten beschäftigt sein mußte.

Nach diesem Anfang gab es kein Zurück. Heute werden die Gruppenleiter monatlich über alle Entwicklungen und Vorgänge im Unternehmen vom Unternehmer und seinen leitenden Mitarbeitern informiert. Die Gruppenleiter geben die Informationen an die Gruppenmitglieder weiter.

Wer also als Unternehmer seine Karten den Mitarbeitern gegenüber auf den Tisch legt, gewinnt ein großartiges Vertrauenskapital. Verdächtigungen, aus Mißgunst und Neid geboren, fallen fort. Allerdings muß jeder Rede und Antwort stehen – der Mitarbeiter wie der Unternehmer.

Jeder ist mitverantwortlich

Jeder Mensch besitzt unternehmerische Fähigkeiten. Diese Überzeugung ist bei wolfcraft durch die Erfahrung bestätigt worden. Es wäre ja auch sonderbar, wenn ehemalige Landwirte oder Handwerksmeister oder Hausfrauen – also Menschen, die gewohnt sind, sich ihre Arbeit einzuteilen, mit anderen zu kooperieren, sich Problemlösungen einfallen zu lassen usw. – wenn diese Menschen plötzlich mit Betreten der Werkshallen oder Büroräume zu unselbständigen Befehlsempfängern würden. Es sei denn, man hat sie im Laufe der Jahre in diese Rolle gebracht. Aber welche Chancen vergibt dann ein Unternehmer!

Wer die Freizeit-Aktivitäten seiner Mitarbeiter beobachtet, ihre Mitwirkung in Organisationen und Vereinen, ihre Ferienplanung und Wochenendunternehmungen, der wird ebenfalls nicht umhin können, bei seinen Arbeitern und Angestellten kreative und dispositive Fähigkeiten, Engagement und Verantwortungsbereitschaft zu konstatieren.

Es würden sich viel mehr Menschen selbständig machen, ließe sich das Risiko bei einem solchen Schritt ähnlich dosieren wie bei der Geldanlage. Bei den vorherrschenden Verhältnissen erscheint vielen der Wunsch zur Selbständigkeit indes unerfüllbar, weil sie die Folgen nicht übersehen können und weil keine Gemeinschaft ihnen die innere Sicherheit dazu gibt.

Robert Wolff gibt seinen Mitarbeitern die Chance zu selbständiger Tätigkeit in überschaubarem Rahmen und angemessener Verantwortung innerhalb seines Unternehmens: bei der Ausführung der übernommenen Arbeit, in der Zusammenarbeit mit den Kollegen, in der Disposition für ganze Arbeitsbereiche. Aufgrund von Absprachen können die Arbeitsplätze getauscht werden. Bei Engpässen helfen sich die Gruppen gegenseitig aus. Die Rede: ›Das ist nicht mein Bier‹, gibt es nicht. Jeder fühlt sich mitverantwortlich und hält entsprechend seine Augen offen. Die Firmenleitung ist nicht mit der Bewältigung von Reibungsverlusten beschäftigt, sondern kann sich voll und ganz auf ihren unternehmerischen Part bei der Erfüllung der Unternehmensziele konzentrieren.

Eine oft gestellte Frage in Gesprächen über die wolfcraft-Beteiligung heißt: Was passiert, wenn das Unternehmen Verluste macht? Der Fall ist noch nicht vorgekommen, aber selbstverständlich möglich. Da sich so etwas nicht über Nacht ereignet, gibt es Vorwarnzeiten. Die ersten Signale werden bereits jedem Mitarbeiter bekannt.

Die Firmenleitung kann also nicht verharmlosen oder versuchen, einen Absatzrückgang ›unter der Decke‹ zu behandeln. Sie muß nicht nur die Zahlen nennen, sondern auch die Ursachen angeben, die nach ihrer

Meinung ausschlaggebend waren. Darüber wird ausführlich im gesamten Unternehmen diskutiert. Und daraus erwachsen Entscheidungen, wie der Situation zu begegnen sei. Diese werden mit Vehemenz in die Tat umgesetzt.

Kommunikationsnetz für Mitarbeiter

Im wolfcraft-Unternehmen sind eine Fülle von Anweisungen, Anordnungen, Dienstaufträgen, Vorgaben – und wie das ganze Befehlsarsenal sich sonst noch nennt – weggefallen, weil ein Kommunikationsnetz geschaffen wurde, das sämtliche Marktinformationen auf kürzestem Wege dem Mitarbeiter zuleitet, der sie für sein unternehmerisches Handeln braucht. Wenn die Mitarbeiter zum Beispiel in der Fräserei ständig auf dem laufenden sind, welche Aufträge mit welchen Terminen für Fräsen vorliegen, dann braucht denen keiner mehr zu sagen, was sie zu tun haben. Das machen sie selbständig.

Wie in jedem Unternehmen gibt es bei wolfcraft unterschiedliche Entscheidungsebenen – je nach Funktionsbereich. An der Entscheidungsvorbereitung sind über die Kommunikation alle beteiligt. Nicht institutionalisiert und formularisiert, sondern spontan und flexibel, wie es die Situation ergibt. Die letzte Entscheidung fällt, wer dafür im Risikofall auch geradezustehen hat. Denn jede Entscheidung muß letztlich von den Verbrauchern auf den Heimwerkermärkten bestätigt werden. Sie geben dem Unternehmen seine Existenz.

Die Verbraucher legitimieren jedwede Machtausübung

im Unternehmen und geben allen Entscheidungen die eigentliche Begründung – lösen sie also los von dem personen- und positionsgebundenen Machtgebaren, das zu Recht als Willkür empfunden wird.

Selbstverständlich gibt es auch Fehlentscheidungen – auf allen Ebenen – mit unterschiedlichen Auswirkungen. Das Informationssystem gibt keine Chance, sie ›unter den Teppich zu kehren‹. An der Überwindung der Folgen arbeiten alle mit Hochdruck. Die Ursachenbesprechung bereitet die Entscheidungen vor, die den Wiederholungsfall möglichst ausschließen sollen. Da jeder in seinem Arbeitsbereich zu entscheiden hat und daher weiß, daß er sich auch bisweilen irrt, kommt es nicht zum Sündenbockverfahren.

Freude fördert Produktivität

Daß Leistung Spaß und Freude bereitet, ist nirgends so offenkundig wie im Sport. Niemand zwingt die Jogger, schweißtriefend und keuchend durch die Landschaft zu laufen. Für den Spaß an der Leistung – sei es das Skilaufen, das Tennisspielen oder Surfen – geben viele Leute viel Geld aus. Warum soll Anstrengung am Arbeitsplatz immer nur Maloche sein? Die Technik hat geholfen, daß die meisten Arbeiten im Sitzen getan werden können. Die Kehrseite: einseitige körperliche und nervliche Beanspruchung und damit verbunden Bewegungsmangel. Bei wolfcraft ist man sich einig, daß der Sport in der werkseigenen Turn- und Schwimmhalle oder das Wandern für die älteren Mitarbeiter der richtige Ausgleich für einseitige Arbeitsbelastung ist.

Die eineinviertel Stunden Sport oder Wandern sind wie die Informations- und Weiterbildungssitzungen Arbeitszeit, also Bestandteil der 38,5-Stunden-Woche. Sie schmälern nicht die Arbeitsproduktivität der Gesamtarbeitszeit – wie diejenigen mutmaßen, denen die veränderte Sozialstruktur bei wolfcraft unerklärlich bleibt –, sondern haben die Arbeitsproduktivität um ein Mehrfaches gesteigert.

Der Beweis: Obwohl Robert Wolff von seinem Gewinn die Hälfte den Mitarbeitern als Gegenleistung für ihre unternehmerische Mitarbeit auszahlt, ist seine Gewinn-Hälfte größer als vorher der ungeteilte Gewinn. Die Zuwächse liegen seit Jahren über dem Branchendurchschnitt.

Gewinn als Mittel zur Gewinnsteigerung

Gewinn signalisiert, daß die Leistungen eines Unternehmens Gegenleistungen erzielt haben. Dann werden in aller Regel die Leistungen weiter ausgebaut. Es wird investiert. Mit neuen Gebäuden und besseren Maschinen wird versucht, Produkte und Dienstleistungen zu verbessern und zu erweitern. So läuft das auch bei wolfcraft. Die Konkurrenz schläft bekanntlich nicht.

Aber wieso eigentlich gelten nur neue Gebäude und Maschinen als zukunftsträchtige Investitionen? Und wieso sind Zahlungen aus dem Gewinn an die Mitarbeiter keine Investitionen, wenn dadurch die Unternehmensleistung ähnlich gesteigert werden kann wie durch bessere Maschinen? So hat sich Robert Wolff gefragt, bevor er seine Mitarbeiter materiell beteiligte. Heute hat er die Erfahrung, daß Erfolgsbeteiligung als eine investitionsähnliche Maßnahme zur Gewinnsteigerung zu verstehen ist. Ihm verbleibt in absoluten Zahlen ein weit größerer Gewinn als zu Zeiten, als er seinen Gewinn nicht mitarbeiterbezogen verwandte.

Weder wird durch die Erfolgsbeteiligung der Gewinn bei wolfcraft geschmälert, noch dem Unternehmen die Substanzsicherung entzogen. Wer das unterstellt, beachtet nicht, daß die unternehmerische Potenz der Mitarbeiter mindestens ein genauso großer Gewinnmaximierer sein kann wie maschinelle Anlagen modernster Bauart. Die wahre Substanz eines Unternehmens dürfte eher die unternehmerische Qualifikation seiner Menschen sein als das, was im Konkursfall in Geldkapital zurückverwandelt werden kann.

Dem Unternehmen stehen die Gewinnteile zur Verfügung, die für den laufenden Unterhalt erforderlich sind. Derzeit sind das 5 Prozent des Umsatzes, die vor der Aufteilung abgezogen werden. Der Eigentümer-Unternehmer entscheidet über die Gewinnverwendung entsprechend den Notwendigkeiten des Verbraucher-, Mitarbeiter- und Kapitalmarktes.«

Sicher haben Sie die Ähnlichkeiten mit den großen amerikanischen Firmen – den »Excellent Companies« – bemerkt.

Robert Wolff hat seine Führungsgrundsätze lange vor dem 1982 erschienenen Buch »In Search of Excellence«

(»Auf der Suche nach Spitzenleistungen«) in die Tat umgesetzt.

Es handelt sich hier um eine Parallelentwicklung – jedoch bei einem mittelständischen Unternehmen.

US-amerikanisches Beispiel

Auszug aus einem Artikel des »Harvard Business Review« von 1983 – geschrieben vom Mitinhaber der Firma, Thomas H. Melohn.

Die Tool and Die-Anfänge

Als Thomas H. Melohn und sein Partner vor viereinhalb Jahren die North American Tool and Die Company im kalifornischen Leandro kauften, unterschied sich die Firma in nichts von anderen kleinen Herstellern: Das Unternehmen war wenig profitabel und die Belegschaft völlig desinteressiert. Außerdem sah die Zukunft nicht besonders rosig aus, weil eine Reihe von altgedienten Beschäftigten zu anderen Firmen gewechselt war.

Heute ist die Situation ganz anders: Die Umsätze der Firma haben sich verdreifacht, und die Gewinne sind siebenmal so hoch, wie sie noch vor drei Jahren waren. Darüber hinaus ist die Fluktuation unter den 70 Mitarbeitern deutlich zurückgegangen.

Einige Beschäftigte erzählten einem Besucher kürzlich während einer Fabrikbesichtigung, sie hätten sich nicht vorstellen können, daß die Firma eines Tages ein so herausfordernder und aufregender Arbeitsplatz sein würde.

Der Autor beweist, daß die Verbindung zwischen den finanziellen Ergebnissen und der Moral der Mitarbeiter keineswegs zufällig ist. In der Tat führt er die eindrucksvollen Gewinne der Firma auf eine sorgfältig überlegte Strategie zurück, mit deren Hilfe Vertrauen zwischen der Belegschaft und den Eigentümern geschaffen wurde.

Hier ist eine Beschreibung dieser Strategie:

Hierarchische Gegensätze

»Fragen wie diese sollten Sie beschäftigen, wenn Sie in führender Position tätig sind:

– Warum bin ich der einzige, der neue Ideen entwickelt?
– Warum vermeiden es die Mitarbeiter, sich den schwierigen Situationen in unserem Geschäft zu stellen?
  Alles, was ich höre oder lese, sind Platitüden:
  ›Das wird ständig geprüft.‹ – ›Laßt uns das zunächst einmal offenhalten.‹ – ›Vielleicht sollten wir eine Task Force benennen, die das Problem untersuchen wird.‹
– Was unterscheidet unser Unternehmen überhaupt von einer Behörde? Das Middle-Management scheint sich Neuerungen immer zu widersetzen.
– Warum sind unsere Beschäftigten 15 Minuten vor

Dienstschluß schon abmarschbereit? Warum kann unsere Produktivität nicht gesteigert werden, oder warum fällt sie sogar?

- Warum ist unsere Vertriebsmannschaft unwillig, zusätzliche Anstrengungen zu machen? Kennt sie nur Preisnachlässe als Verkaufsargument?
- Was ist mit der Loyalität innerhalb der Firma geschehen? Für ein paar Dollar mehr wandern die Beschäftigten ab, nach allem, was wir für sie getan haben.

Nun stellen Sie sich die Fragen noch einmal – aber aus der Sicht eines Beschäftigten, der in der Hierarchie weiter unten angesiedelt ist:

- Warum hören die niemals zu? Trotz aller zusätzlichen Anstrengungen werden meine neuen Ideen verworfen oder unterdrückt.
- Warum stimmen die sich nicht mit mir ab? Treffen über Treffen, aber es fällt keine Entscheidung.
- Wie kommt es, daß mein Job so langweilig geworden ist? Ich kann es kaum erwarten, hier heute abend rauszukommen, damit ich an meinem Auto basteln oder ein Buch lesen kann.
- Was heißt hier ›Firmenloyalität‹? 30 Jahre lang bin ich ruhig gewesen und habe meinen Job gemacht. Wofür? Eine Uhr, ein Festessen, und dann ab auf die Müllkippe.

Der Mitarbeiter ist König

Das Tragische hieran ist, daß sich beide Parteien große Sorgen machen. Derartige Mißverständnisse gibt es in fast allen Firmen. Viele von ihnen greifen nach irgendwelchen Lösungen für die Probleme, wie zum Beispiel Automatisierung, Quality Circles und Forderungen nach Importbeschränkungen oder staatlichen Hilfen.

Dieser Artikel skizziert eine eher altbackene Philosophie, die sich für unsere Firma gelohnt hat. Sie basiert auf der Überzeugung, daß das wichtigste Vermögen einer Firma die Mitarbeiter sind.

Mit der Gewißheit, daß die Menschen sehr wohl zwischen Erfolg und Mißerfolg unterscheiden können, setzten mein Partner und ich uns drei Ziele, als wir die North American Tool and Die Company kauften (die Firma stellt Komponenten für Computer her):

Erstens planten wir, das Geschäft ständig auszuweiten und die Gewinne zu erhöhen.

Unser zweites Ziel war, die Mitarbeiter am Wertzuwachs der Firma zu beteiligen.

Drittens wollten wir, daß jeder Befriedigung an seiner Arbeit empfindet und sogar Spaß an seinem Job hat.

Der einzige Weg, diese Ziele zu erreichen, so entschieden wir, bestand darin, eine Atmosphäre vollständigen Vertrauens zwischen uns – den Besitzern – und allen unseren Beschäftigten zu schaffen.

In den vergangenen drei Jahren sind unsere Umsätze von 1,8 Millionen auf über 6 Millionen Dollar gestiegen. Unsere Gewinne vor Steuern haben sich um mehr als 600 Prozent erhöht. Unser Grundkapital wurde 1980 und 1981 jeweils um 36 Prozent angehoben. Die Rate der Reklamationen ist von 5 auf 0,3 Prozent gefallen. Die Produktivität hat sich verdoppelt. Die Fluktuation hat sich von 27 auf 6 Prozent verringert.

Und wir alle hatten eine gute Zeit.

Eine solche Entwicklung einzuleiten, ist nur scheinbar einfach. Wir vertreiben weder ein Markenartikelprodukt, noch haben wir irgendeinen geographischen Vorteil im Vertrieb. Statt dessen liegt unsere herausragende Stärke in unseren Beschäftigten.

Bevor ich die Schritte aufzähle, die Beckett und ich unternommen haben, um eine Atmosphäre des Vertrauens zu schaffen, hier eine Warnung: Wenn Sie sagen, Sie wollen eine solche Atmosphäre, müssen Sie es tatsächlich wollen. Sie müssen wirklich daran glauben. Dann müssen Sie jeden Tag und in jeder Situation daran arbeiten, die Beziehungen zu den Arbeitnehmern zu verbessern. Heuchelei spüren Ihre Mitarbeiter sofort, und alles wäre umsonst.

Die Firma, die wir kauften, hatte einen Ruf für akzeptable, aber nicht herausragende Qualität. Die einzige Möglichkeit, unsere Qualität zu verbessern, lag bei unseren Beschäftigten. Sie mußten sie verbessern – jeden Tag, bei jeder Tätigkeit, bei jedem Teil.

Unser Geschäft ist hochtechnisiert. Wir stellen hunderte verschiedener Teile mit Toleranzen her, die nur ungefähr ein Viertel der Dicke eines menschlichen Haares ausmachen. Solche geringen Toleranzen erfordern viel Geschicklichkeit und Hingabe. Daher hängt das Wohlergehen der Firma fast ausschließlich von der Leistung der Mitarbeiter ab. Natürlich wollen wirklich gute Leute perfekte Arbeit leisten. Wir förderten deshalb das Qualitätsbewußtsein und lobten jede Anstrengung, Fehler zu beheben und zu vermeiden.

Jeden Monat wird bei uns eine Betriebsversammlung einberufen – aus drei Gründen:

Als erstes zeichnen wir einen Arbeiter aus, der während des letzten Monats hervorragend gearbeitet hat. Der Scheck über 50 Dollar, den er erhält, ist nur ein kleines Zeichen der Anerkennung. Von wesentlich größerer Bedeutung ist die Gravur seines Namens auf eine Erinnerungstafel, die mit »Super Person of the Month« überschrieben ist. Sein Name bleibt für immer auf dieser Tafel.

Zweitens erhält jeder Arbeiter, der in dem jeweiligen Monat ein Dienstjubiläum feiern kann, einen Silberdollar für jedes Jahr seiner Betriebszugehörigkeit.

Schließlich diskutieren wir mit unserer ›Familie‹ die Situation der Firma. Auf diese Weise erfahren die Arbeiter aus erster Hand, was im Unternehmen vorgeht.

Jedes Kompliment, das wir von unseren Kunden erhalten, teilen wir den Arbeitnehmern auf diesen Betriebsversammlungen detailliert mit.

Kürzlich gewannen wir eine Auszeichnung, die von einem großen Kunden für herausragende Belieferung vergeben worden war. Die Auszeichnung – eine Schmucktafel – wurde bei der nächsten Betriebsversammlung an der Fabrikwand aufgehängt.

Damit ist nicht beabsichtigt, andere Kunden zu beeindrucken. Vielmehr sollen unsere Arbeitnehmer täglich daran erinnert werden, daß sie gute Arbeit leisten.

Gewinn als Mittel zur Gewinnsteigerung

Wir praktizieren Mitarbeiterbeteiligung, indem wir jedem Mitarbeiter jährlich Aktien geben, die nach drei einfachen Selektionskriterien zugeteilt werden:
Der Arbeitnehmer muß mindestens 24 Jahre alt sein. Er muß mindestens 1000 Stunden im Jahr gearbeitet haben. Und er muß am Jahresende auf der Lohnliste gestanden haben.

Nach unserer Meinung haben sich unsere Leute das Recht verdient, Anteile der Firma zu erhalten, ohne dafür etwas bezahlen zu müssen. Übrigens haben mein Partner und ich auf das Recht verzichtet, an dieser Beteiligungsaktion zu partizipieren. Unser Wunsch war es, die Zahl der an die Belegschaft verteilten Anteile stark zu erhöhen. (Die Anteile werden jährlich neu ausgegeben. Mein Partner und ich haben dadurch keine persönlichen Vorteile.)
Das Mitarbeiter-Beteiligungsprogramm hat sich als geeignetes Instrument zur Verringerung der Reklamatio-

nen von Kunden und zur Verbesserung der Produktivität sowie der Lieferzeiten herausgestellt.

Außerdem versuchen wir, faire und angemessene Löhne als Motivationsinstrument einzusetzen. Die Höhe der Einkommen wird zweimal im Jahr überprüft. Jeder Arbeitnehmer bespricht mit seinem Vorgesetzten seine Leistungen unter vier Augen. Dabei geht es darum, zu klären, was er gut gemacht hat, wo er sich verbessern muß, und wo die Firma helfen kann.

Schließlich verteilen wir auch Barprämien für Innovationen. In den vergangenen Monaten haben eine Reihe von Arbeitnehmern Vorschläge zur Kostenreduzierung gemacht. In einigen Fällen konnten wir bestimmte Kosten um 80 Prozent senken.

Freude fördert Produktivität

Weil wir fest an die Bedeutung der Arbeitnehmer für unsere Firma glauben, ist es für uns zum Grundsatz geworden, nur die besten Mitarbeiter einzustellen. Wir stellen eine bestimmte Art von Leuten ein – angenehme Menschen, die sich um sich selbst, ihre Familie und ihre Firma kümmern. Sie müssen ehrlich sein, frei von der Leber weg reden können und sorgfältig arbeiten – sei es als Hilfsarbeiter, Facharbeiter, Betriebsleiter oder Manager. Deshalb interviewe ich jeden Bewerber persönlich. Meine Aufgabe ist es, herauszufinden, ob der Kandidat in die Firmenfamilie paßt.

Vielleicht erscheint dieses Konzept unzeitgemäß, aber

für uns ist es der Dreh- und Angelpunkt. Das kostet zwar viel Zeit, aber die Resultate rechtfertigen diese Mühe.

Kein Zweifel, die traditionelle Gegnerschaft von Management und Arbeitnehmerschaft hat sich nicht als produktiv erwiesen. Indem wir uns um die Zufriedenheit der Arbeitnehmer bemühen, folgen wir dem Grundsatz, daß unsere Mitarbeiter die gleiche Behandlung verdienen, die wir von ihnen erwarten. Sie wollen über ihre künftigen Einkommen Bescheid wissen, ihren möglichen Karriereweg kennen und wissen, was sie für die Firma leisten können.
Damit die Belegschaft engagiert bleibt, bemühen wir uns, wirkliche Anerkennung auszusprechen – nicht nur Floskeln, sondern Äußerungen aufrichtiger Wertschätzung für die speziellen Leistungen jedes Arbeiters.

Komplimente kosten nichts. Wir alle brauchen sie und sehnen uns sogar nach ihnen. Anerkennung – persönlich wie auch beruflich – ist ein überragender Motivationsfaktor. Zwei- oder dreimal in der Woche gehen wir durch die Fabrik, reden mit jedem Arbeitnehmer und sprechen denjenigen, die gut gearbeitet haben, Lob aus. Arbeitnehmer sind sehr stark an ihrer Arbeit interessiert. Wenn man diese Quelle des Interesses anzapfen und mit den Zielen des Unternehmens verbinden kann, gibt es verblüffende Ergebnisse.

Abgesehen davon, daß wir Lob aussprechen, arbeiten wir daran, die Fähigkeiten unserer Arbeitnehmer zu fördern und kümmern uns um unsere Leute nicht nur als Arbeitnehmer, sondern als menschliche Wesen, als

Freunde. Und wir versuchen, ihnen zu helfen, wo wir nur können.

Jeder Vorarbeiter bei uns ist verantwortlich für die Einhaltung der Produktionszeiten und dafür, daß kein Ausschuß produziert wird und die Effizienz so hoch wie möglich ist. Wie er das tut, liegt allein bei ihm. Dann sorgen wir dafür, daß unsere Manager und Mitarbeiter Anerkennung für ihre erfolgreichen Leistungen erhalten – von uns, von ihren Kollegen und vom Lohnbüro. Im übrigen weisen wir für Fehlschläge keine Schuld zu. Wenn unsere Leute voller Furcht vor Mißerfolgen wären, würden sie keine Experimente mehr wagen. Wenn wir aber nichts Unbekanntes und bisher Ungeprüftes versuchen, werden Wachstum und Gewinn darunter leiden. Und das macht keinen Spaß.

Wenn die Manager wirklich führen, wird der Job eines Chief Executive Officers viel leichter. Nicht mehr alle Entscheidungen werden an ihn herangetragen, und er wird in die Lage versetzt, sich auf die Dinge zu konzentrieren, die das Wachstum der Firma berühren.

Der große preußische Militärstratege von Clausewitz hat die Meinung vertreten, jedes Problem solle in kleinere und somit leichter zu beherrschende Teile aufgelöst werden – eine Theorie, die teilweise auch auf das Geschäftsleben übertragen werden kann.

Meiner Meinung nach ist die Orientierung an einer solchen Strategie für die Industrie heute in verblüffender Weise angemessen, weil wir uns in einer Schlacht befinden, bei der es langfristig um das wirtschaftliche Überleben geht.«

Ich weiß nicht, ob die Herren Melohn und Beckett das Beispiel der in dem Buch »In Search of Excellence« beschriebenen Firmen kannten. Ganz gleich, ob ja oder nein, sie haben bewiesen, daß die Führungsgrundsätze dieser großen Firmen auch mit Erfolg auf eine kleine Firma anwendbar sind.

Neue Regeln der Hierarchie

Welche Folgerungen ergeben sich nun aus den vorhergehenden Überlegungen und Beispielen für das bisher praktizierte hierarchische System?

Definiert man den Begriff »Hierarchie« als »stufenmäßig aufgebaute Ordnung«, dann hat sie auch in Zukunft durchaus ihre Bedeutung, und es wird sie im Leben sozialer Gebilde – z. B. im Leben von Firmen – wohl immer geben. Nur wird der einzelne Mitarbeiter in ihr einen anderen Stellenwert erhalten.

Er ist nicht mehr »untergeben«, sondern er ist an seinem Arbeitsplatz bei der Erreichung der vorgegebenen und von ihm akzeptierten Firmenziele souverän.

Auch die in vielen Fällen produktivere Team- oder Gruppenarbeit verträgt sich durchaus mit dem hierarchischen Prinzip.

Zwei Arbeitsgrundlagen des hierarchischen Systems werden sich allerdings verändern:

1. Es werden nicht mehr Menschen gewichtet und miteinander verglichen (der Abteilungsleiter ist mehr wert als der Sachbearbeiter), sondern die mit dem jeweiligen Einzel- oder Gruppenarbeitsplatz verbundenen Verantwortungen im Hinblick auf die Erreichung der Unternehmensziele sind nun Grundlage einer Bewertung. Der hierarchische Vorgesetzte führt nicht mehr autoritär, sondern er moderiert, regt Problemlösungen an, verbessert Kommunikation, Information, Koordination und Kooperation. Er bespricht und vereinbart die für jeden verbindlichen Ziele.

   Damit entfällt ein großer Teil der vorhergehend beschriebenen Nachteile des hierarchischen Systems.

2. Die *Sprache der Macht* wird durch partnerorientierte Kommunikation ersetzt. Das ist die zwangsläufige Folge des oben erwähnten veränderten Stellenwertes jedes Mitarbeiters und führt zu aggressionsarmen, allgemein akzeptierten Zielvereinbarungen bzw. Zieldurchsetzungen.

Wie das geschehen kann, und wie verhältnismäßig einfach das ist, wird der nun folgende Teil dieses Buches zeigen.

3 Der neue Weg: Partnerorientiertes Verhalten

Laß einen Menschen erkennen,
daß Du sein Freund bist,
und Du hast keine Schwierigkeit,
ihn zu überzeugen.
Zeig ihm das Gegenteil,
und Du bist machtlos.

(nach Abraham Lincoln)

Positive Motivation gilt häufig als psychologischer Trick. Viele Vorgesetzte wollen es einfach nicht glauben, daß Menschen Beachtliches leisten können aus Freude an der Arbeit und den daraus entstehenden Belohnungen (nicht Entlohnungen!). Daß Arbeit Spaß machen, und daß man darin aufgehen kann, etwas zu leisten, auf das man stolz ist, gilt als utopisch und als Verrat an den eisernen Regeln der Arbeitsdisziplin.

Aber sehen Sie sich doch einmal unsere Mitbürger an, die bis zur Selbstaufgabe ihre Autos waschen und polieren und darüber sogar das Mittagessen vergessen können. Und denken Sie an den Sport: Welche Leistungen werden hier erbracht! Es sind durchaus anstrengende Tätigkeiten, die viele Opfer und Unbequemlichkeiten erfordern und die u. U. sogar gefährlich und teuer sind. Das alles nehmen sie auf sich, weil es ihnen Spaß macht!

Meinen Sie nicht auch, daß diese innere freudige Bereitschaft auch bei der beruflichen Arbeit zu erzielen wäre, wenn diese Spaß machen würde?

Wie könnte man solch eine hohe Motivation wenigstens annähernd erreichen? Es liegt in Ihrer Hand, in der Hand des Chefs. Sie sind für die anderen, für die Mitarbeiter und ihre positive Motivation zuständig. So wie Sie sich selbst entfalten wollen, müssen Sie den Mitarbeitern bei deren Selbstentfaltung helfen:

- Indem Sie in ihnen den Mit-Menschen sehen.
- Indem Sie sie ernst nehmen.
- Indem Sie ihnen und ihrer Qualifikation vertrauen.

- Indem Sie ihnen das Recht auf eine eigene Meinung zugestehen.
- Indem Sie deren Meinung akzeptieren, ohne von Ihrem (richtigen) Standpunkt abzugehen.
- Indem Sie Mitgefühl zeigen, ohne schwach zu werden.
- Indem Sie deren Selbstwertgefühl achten, beachten und aufbauen.

Diese Haltung entspricht der Achtung vor der Einmaligkeit und Würde des Menschen – wie sie z. B. im ersten Artikel des Grundgesetzes als unantastbar geschützt wird.

So verhalten sich auch die Chefs der »erfolgreichen Firmen«[6)] und die der ebenso erfolgreichen Firmen »wolfcraft« und »Tool and Die« (S. 60 und 73). Sie stellen den Mitarbeiter und sein positives Selbstwertgefühl in den Mittelpunkt ihrer Unternehmensphilosophie – und das nicht nur verbal!

Sie werden vielleicht einwenden:
»Die meisten Menschen vertragen es ja gar nicht, wenn man sie lobt (selbst wenn sie es verdient haben). Wenn man ihnen zu viel Beachtung schenkt, werden sie überheblich, anspruchsvoll und sogar nachlässig.«

Lassen Sie mich die Äußerung eines Managers von General Motors dagegenhalten:[6)]

»Unsere Kontrollsysteme gehen anscheinend von der Annahme aus, daß 95 Prozent der Mitarbeiter faule

Taugenichtse sind, die nur darauf warten, uns zu belügen, zu betrügen, zu bestehlen oder sonstwie über's Ohr zu hauen. Wir stoßen die 95 Prozent der Belegschaft vor den Kopf, die sich wie Erwachsene verhalten, weil wir Systeme ersinnen, um uns vor den 5 Prozent zu schützen, die wirklich Ärger machen.«

Das »Nicht-loben-wollen« ist auch ein solcher Schutz vor Ärger, der eventuell aus dem Lob entstehen könnte. Wahrscheinlich ist dieser Schutz doch nur vor diesen oben erwähnten 5 Prozent Mitarbeitern notwendig. Durch das pauschale Nicht-loben vernachlässigen Sie also ein sehr wichtiges Mittel zur positiven Motivation von ca. 95 Prozent Ihrer Mitarbeiter.

Wie ich bisher versuchte, deutlich zu machen, besteht die positive Motivation von Mitarbeitern nicht nur aus Lob allein. Es gehören noch viele andere Faktoren dazu. Ein besonders wichtiger Faktor ist auch die Art, wie etwas gesagt wird – also der Umgangston.

Das bringt uns wieder auf die häufig praktizierte *Sprache der Macht,* deren Umgangston ausschließlich negativ motiviert.

Hier einige Beispiele, wie sie oft in der täglichen Praxis zu hören sind:

»Das hätten Sie auch gleich sagen können.«
»Haben Sie das vorher nicht gewußt?«
»Ihre Haltung ist recht merkwürdig.«
»Ich muß darauf bestehen, es so zu machen.«

»Gestern haben Sie noch ganz anders gesprochen.«
»Das hätten Sie sich vielleicht früher überlegen sollen.«
»Wollen Sie nun, oder wollen Sie nicht?«
»Das sehen Sie völlig falsch.«
»Das hätten Sie nicht machen dürfen.«
»Noch nicht einmal das können Sie!«
»Ehe ich Ihnen das erkläre, mache ich es lieber selber.«
»Mir ist zu Ohren gekommen, daß Sie sich dauernd drücken.«
»Das haben Sie mal wieder gründlich verpatzt.«
»Ich bitte mir aus, daß Sie das in Zukunft unterlassen.«
»Machen Sie sofort diese Aufstellung.«
»Sind Sie jetzt endlich fertig?«
»Ich wünsche, daß Sie die Sache vorziehen.«

Jede dieser Äußerungen für sich gesehen, scheint ganz harmlos zu sein. Wir sind es nämlich gewohnt, so zu sprechen und solches zu hören. Aber würden *Sie* gern so mit sich reden lassen? Ich glaube nicht. Und Ihre Mitarbeiter (Geschäftsfreunde, Kollegen) schätzen diesen Ton auch nicht. Deren Selbstwertgefühl leidet. Die Beziehungsebene zwischen Ihnen und jenen ist gestört. Und das bedeutet Demotivation.

Wie könnte sich der Vorgesetzte anstelle dieser demotivierenden *Sprache der Macht* ausdrücken, ohne seinen Standpunkt bzw. seine Absicht aufzugeben?

Indem er – wie es bei den zitierten erfolgreichen Firmen[6)] der Fall ist – dem Mitarbeiter zu erkennen gibt, daß er seine Meinung ernst nimmt und respektiert, auch wenn er sie nicht teilt, also anderer Auffassung ist.

Diese durchaus neue innere Einstellung hat drei positive Folgen:

1. Das Selbstwertgefühl des Mitarbeiters wird nicht verletzt, da seine Meinung (und damit er selbst) nicht abgelehnt wurde.

2. Die Beziehungsebene zwischen dem Vorgesetzten und dem Mitarbeiter bleibt oder wird positiv verstärkt.

3. Dadurch, daß er dem Mitarbeiter zuhört und seine Meinung ernst nimmt, kann der Vorgesetzte vielleicht sogar die Meinung des Mitarbeiters annehmen oder einen Kompromiß schließen.

Durch diese Einstellung wird der Mitarbeiter fast gezwungen, die Meinung bzw. Anordnung des Vorgesetzten zu akzeptieren bzw. ohne große Vorbehalte durchzuführen.

Warum ist das so?

- Weil das Mißtrauen des Mitarbeiters abgebaut wird.

- Weil damit eine Zunahme von Sympathie gegenüber dem Vorgesetzten verbunden ist.

- Weil die Beziehungsebene positiv aufgeladen wird.

Das hat folgende Auswirkungen:

Der Mitarbeiter nimmt das, was ihm der Vorgesetzte sagt, sehr viel vorurteilsloser, vertrauensvoller – und damit positiver – entgegen, weil ein »Sympathiefeld« zwischen ihm und dem Vorgesetzten entstanden ist. Das ist selbst dann der Fall, wenn der Mitarbeiter anderer Meinung ist. Diese Auswirkungen treten nicht ein, wenn der Vorgesetzte dem Mitarbeiter unsympathisch ist – also kein »Sympathiefeld« aufgebaut wurde.

»The medium ist the message«, schreibt McLuhan.[10)]
So, wie ich gegenüber dem, der zu mir spricht, empfinde, so empfinde ich auch seine Botschaft, also das, was er sagt.

Bildlich dargestellt sieht dieser Vorgang so aus:[1)]

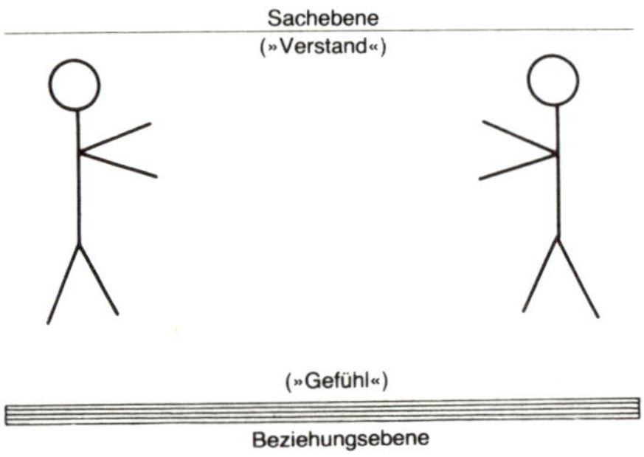

Wenn Menschen miteinander in Verbindung treten (kommunizieren), geschieht es im wesentlichen auf zwei Ebenen:

1. Der *Sachebene*, die man vereinfacht auch als Verstandesebene bezeichnet.

2. Der *Beziehungsebene,* die man vereinfacht als Gefühlsebene bezeichnen kann.

Es ist nun unbestritten, daß man mit einem Menschen auf der Sachebene besser zurechtkommt, wenn die Beziehungsebene positiv »aufgeladen« ist.

Dazu zwei Fragen an Sie:
Erinnern Sie sich daran, daß in Ihrer Kindheit bzw. Jugend ein Erwachsener Ihnen etwas geraten hat?
Sie haben damals auch eingesehen, daß dieser Rat gut war, daß Sie ihn also befolgen sollten.
Und kann es sein, daß Sie trotz dieser Einsicht diesen Rat nicht befolgt haben, nur weil Sie diesen Erwachsenen nicht leiden konnten?
Sie werden diese Fragen wahrscheinlich bejahen.

Dazu noch eine weitere Frage:
Meinen Sie, daß so etwas nur bei Kindern vorkommt?
Diese Frage werden Sie wahrscheinlich verneinen, denn dieses durch die negative Gefühlsebene beeinflußte Verhalten finden wir bei allen Altersstufen.

Was ist partnerorientiertes Verhalten?

Ein Teil des Erfolges der erfolgreichen Unternehmen[6)] ist mit Sicherheit darauf zurückzuführen, daß die Mitarbeiter sich dort wohler fühlen als in vielen anderen Unternehmen. Das ist nicht zuletzt auf das eben beschriebene Verhalten der Vorgesetzten zurückzuführen, das ich als »partnerorientiertes Verhalten« bezeichne.

»Partnerorientiertes Verhalten« entsteht durch die Beachtung der folgenden fünf Regeln:

Oberstes Gesetz: Meinung des anderen ernst nehmen.
1. Regel: Partnerorientiert (sichtbar) zuhören.
2. Regel: Umkehrbar formulieren.
3. Regel: Partnerorientiert fragen.
4. Regel: Schnell und deutlich zur Sache kommen.
5. Regel: Partnerorientiert sprechen.

Wir wollen die Regeln 1–4 durchgehen. (Die 5. Regel: »Partnerorientiert sprechen« wurde eingehend an anderer Stelle behandelt.[11)])

Die Befolgung dieser Regeln zeigt deutlich, daß man die Meinung des anderen ernst nimmt.

1. Regel: Partnerorientiert (sichtbar) zuhören

»Was soll denn diese Überschrift«, werden Sie fragen. »Zuhören tut man doch immer, wenn man mit jemandem spricht.«

Ist das wirklich so?

Bitte überlegen Sie: Was machen Sie häufig, wenn Ihr Gesprächs-Partner etwas sagt, was Sie nicht interessiert?

- Sie schalten ab und denken an etwas anderes.

  Oder:
- Sie unterbrechen ihn.

Oder:

- Sie zeigen sich desinteressiert und sehen z. B. aus dem Fenster.

Oder:

- Sie sehen betont gelangweilt auf die Uhr.

Ihr Gesprächs-Partner merkt somit bald, daß Sie das, was er sagt, ablehnen. Genauso wie Sie es im umgekehrten Fall ja auch merken würden. Und er ist nicht sehr erfreut darüber. Ebensowenig, wie Sie im umgekehrten Fall darüber erfreut wären.

Dieses (bewußte oder unbewußte) Demonstrieren, daß man nicht oder nicht mehr zuhört, signalisiert dem Gesprächs-Partner, daß man ihn und seine Aussagen nicht ernst nimmt. Das kränkt ihn und verletzt sein Selbstwertgefühl. Dadurch wird die Beziehungsebene negativ aufgeladen, und er und Sie lehnen das, was er und Sie sagen und wollen, ab. Dadurch werden bei beiden Aggressionen erzeugt.

Sie sehen, durch solche unüberlegten Reaktionen erschweren wir erheblich einen günstigen Ausgang des Gespräches. Bitte denken Sie jetzt nicht: »Daran läßt sich nichts ändern. Wir Menschen sind nun einmal so. Ich kann mich nicht gegen meine Natur verhalten.« Nein, das können und brauchen Sie auch nicht. Aber was Sie tun können: Sie sollten Ihre Einstellung ändern. Sie sollten sich darauf programmieren, die Meinung des anderen ernst zu nehmen. Sie sollten ihm zeigen, daß er das Recht auf diese – seine – Meinung hat.

Diese Einstellungsänderung bewirkt etwas fast Unglaubliches: Da Sie nicht mehr »siegen« wollen, »gewinnen« Sie. Sie gewinnen den Gesprächs-Partner dafür, sich Ihrer Meinung anzuschließen, auch wenn er Ihre Meinung nicht für richtig und gut hält. Das erreichen Sie, weil Sie dann ja nicht mehr mit der *Sprache der Macht* reden. Dadurch nehmen Sie dem Gespräch jede Aggression, halten die Beziehungsebene positiv, und (the medium is the message) der Gesprächs-Partner akzeptiert meist Ihre Meinung.

Diese Einstellungsänderung und der damit verbundene Verzicht auf die *Sprache der Macht* führt zwangsläufig zum partnerorientierten Zuhören.

Dieses partnerorientierte Zuhören können Sie nicht nur durch körperliche Reaktionen zeigen, sondern auch durch das, was Sie antworten. Ihre Antwort kann dem Gesprächs-Partner nämlich deutlich zeigen, ob Sie das, was er gesagt hat, auch wirklich verstanden haben und ernst nehmen. Das geschieht durch das *partnerorientierte Wiederholen.*

Außerdem können Sie durch die Art Ihrer Antwort auch zeigen, daß Sie Verständnis für Ihren Gesprächs-Partner haben. Das geschieht durch das *Ansprechen von Partnergefühlen.*

Das partnerorientierte Wiederholen (Ich habe Sie verstanden)

Wird das partnerorientierte Wiederholen im Verlauf Ihres Gespräches an den richtigen Stellen eingesetzt, signalisiert es Ihrem Partner: »Ich habe Sie verstanden.« Es kann somit zu einem wichtigen Bestandteil des partnerorientierten Zuhörens werden.

Sie haben vielleicht auch schon einmal an sich selbst die Beobachtung gemacht, daß Sie bei einem Gespräch, einer Diskussion oder einer Verhandlung angenehm berührt waren, wenn Ihr Gesprächs-Partner etwas wiederholte, was Sie gerade gesagt hatten, um sich zu vergewissern, daß er alles richtig verstanden hatte.

Sie bescheinigten Ihrem Gesprächs-Partner in Gedanken, daß er aufmerksam sei, daß er an Ihren Gedanken interessiert sei. Und Sie fanden ihn dadurch vielleicht sogar gleich netter und sympathischer.

Eine ähnliche Reaktion erfolgt fast bei jedem Menschen, wenn er erlebt, daß Gedanken, die er gerade geäußert hat, von einem anderen wiederholt werden. Das hängt damit zusammen, daß man im allgemeinen gewohnt ist, daß niemand gern und gut zuhört – eine »Krankheit« der meisten Menschen.
Wenn dann wirklich einer einmal zuhört – und der Sprecher merkt es –, dann ist er hocherfreut. Die Beziehungsebene wird positiv aufgeladen.

Die Technik des partnerorientierten Wiederholens – nach einem ähnlichen Vorgang in der Musik auch »Paraphrasieren« genannt – ist ganz einfach: Wenn Ihr Verhandlungs-Partner ca. 30 Sekunden gesprochen hat, dann unterbrechen Sie ihn – möglichst am Ende eines Gedankenganges –, um mit Ihren eigenen Worten das zu

wiederholen, was der andere gerade gesagt hat. Sie leiten dieses Wiederholen ein mit Redewendungen wie:
»Wenn ich Sie richtig verstanden habe ...«

Oder:
»Sie meinen also ...«

Oder:
»Ihrer Ansicht nach ...«
usw.

Diese Unterbrechung, die sonst immer ärgerlich macht, stört Ihren Gesprächs-Partner überhaupt nicht, weil sie ja zum Wiederholen seiner eigenen Gedanken gemacht wird. Wenn Sie dann das wiederholt haben, was der andere gesagt hat, und er zeigt keinen Widerspruch bzw. signalisiert sogar Zustimmung, dann antworten Sie auf das Gesagte.

Besonders wichtig ist, daß Sie beim Wiederholen weder durch Betonung, Mienenspiel oder durch Worte zu erkennen geben, daß Sie mit dem, was er gesagt hat, nicht einverstanden sind. Ihre Wiederholung muß den Inhalt dessen enthalten, was gesagt wurde – ohne Entstellung oder Veränderung – mit Ihren Worten – eventuell abgekürzt.

Beispiel 1:

Chef:
»Ich bin in letzter Zeit gar nicht zufrieden mit Ihnen. Dauernd kommen Beschwerden darüber, daß Sie sich bei den Außenstellen wie ein kleiner Herrgott aufspielen. Wenn das Ihre Auffassung von Zusammenarbeit, von Teamarbeit ist, dann bedanke ich mich!«

Mitarbeiter:
»Ich habe verstanden, daß Sie mit mir nicht mehr zufrieden sind. Es sind Beschwerden von den Außenstellen über mich eingegangen, aus denen Sie entnehmen, daß ich es an der notwendigen Teamarbeit habe fehlen lassen. Ist das richtig?«

Chef:
»Ja, das habe ich gesagt!«

Jetzt erst antwortet der Mitarbeiter auf die Vorwürfe des Chefs.

Sie sehen, es geht nur darum, mit eigenen Worten, ohne Entstellung, zu wiederholen, was der Partner gesagt hat. Versuchen Sie es möglichst bald einmal. Vielleicht bei Ihrem nächsten – etwas kritischen – Gespräch mit Ihrer Frau, Ihren Kindern, Ihrem Chef, Ihren Mitarbeitern.

Sinn hat die Anwendung dieser Gesprächstechnik natürlich nur bei Gesprächen mit unterschiedlicher Auffassung.

Beispiel 2:

Teilnehmer 1:
»Ich finde diesen ganzen Werberummel zum Auswachsen. Wo man hinsieht – nur Reklame. Stellt man das Radio an – Reklame. Ich meine, das gehörte verboten. Wir wissen doch allein, was wir wollen und was wir brauchen. Die wollen uns mit ihrer Werbung doch bloß manipulieren, damit wir etwas kaufen, was wir gar nicht brauchen können.«

Teilnehmer 2:
»Du meinst also, die ganze Reklame oder Werbung stört Dich. Du bist der Auffassung, Werbung gehöre verboten. Wir wüßten schließlich allein, was für uns gut ist, und brauchten uns deshalb nicht durch die Werbung verleiten lassen, etwas zu kaufen, was wir gar nicht wollen. Ist das richtig?«

Teilnehmer 1:
»Ja, durchaus. So ist es!«

Teilnehmer 2:
»Da bin ich aber etwas anderer Meinung. Ohne Werbung wüßten wir über viele nützliche Dinge überhaupt nicht Bescheid. Außerdem macht die Werbung interessante Artikel so bekannt, daß sie häufiger gekauft werden. Dadurch können sie in größerer Stückzahl hergestellt werden und sind dadurch billiger. Außerdem ...«

Natürlich können Sie das partnerorientierte Wiederholen nicht durch ein ganzes Gespräch hindurch anwenden. Ihr Partner würde an Ihnen und an Ihrer Auffassungsgabe zweifeln. Außerdem würde das Gespräch dadurch sehr in die Länge gezogen.

Im Gegensatz zu allen »auf Sieg getrimmten« dialektischen Gesprächstechniken läßt sich das partnerorientierte Wiederholen auch von beiden Partnern gleichzeitig anwenden, denn es dient ja nicht der Manipulation oder dem Mundtotmachen des Partners.

Bei welchen Gelegenheiten läßt sich das partnerorientierte Wiederholen nun einsetzen, wenn man es schon nicht durchgehend anwenden kann?

- Sie sollten die Wiederholung einige Male einsetzen, wenn eine Verhandlung droht, scharf und unkontrolliert zu werden.
  (Die Atmosphäre beruhigt sich dadurch.)

- Sie sollten die Wiederholung einige Male einsetzen, wenn das ganze Verhandlungsklima »unterkühlt« ist.
  (Die Atmosphäre wird dadurch angewärmt.)

- Sie sollten die Wiederholung einsetzen, wenn Sie nicht richtig verstanden haben oder Ihr Partner sich unklar ausgedrückt hat.
  (Durch Ihre Wiederholung, die ja dann nicht korrekt wiedergibt, was der andere gesagt hat, wird Ihr Partner gezwungen, noch einmal zu wiederholen und sich eventuell deutlicher auszudrücken. Sie ersparen sich dadurch, zu fragen und damit zu zeigen, daß Sie nicht richtig gehört haben.)

- Sie sollten die Wiederholung einsetzen, wenn Sie noch nicht genau wissen, was Sie Ihrem Partner antworten sollen.
  (Während Sie wiederholen, haben Sie Zeit, zu überlegen, was Sie antworten wollen.)

- Sie sollten die Wiederholung einsetzen, wenn Sie den Partner unterbrechen wollen, ohne ihn zu verärgern.
  (Durch Ihre Unterbrechung zum Zwecke der Wie-

derholung wird das Selbstwertgefühl des Unterbrochenen nicht gestört.)

Und noch eine Möglichkeit:

- Sie sollten die Wiederholung einsetzen, wenn Sie wollen, daß Ihr Partner weiterspricht. (Weil Sie z. B. noch mehr von ihm wissen wollen. Das erreichen Sie, wenn Sie nur wiederholen – also nicht antworten.)

Genauso wichtig und wirkungsvoll kann auch die weitere Spielart des partnerorientierten Zuhörens werden:

Das Ansprechen von Partnergefühlen[1)] *(Ich habe Verständnis für Sie)*

Was ich Ihnen jetzt nahebringen möchte, ist eine Form des partnerorientierten Zuhörens, die auf der Beziehungsebene Klarheit schafft und den Gesprächs-Partner dazu bringt:

- Daß er gefühlsmäßige Gesprächsinhalte näher beschreibt, sie erläutert, bzw. sie überhaupt erst ausspricht. Wir hören oft nur Worte und verstehen sie auch. Wir wissen aber nicht, welche Gefühle diese Worte ausgelöst haben und welche sich hinter diesen Worten verbergen.

- Daß er registriert, daß Sie versuchen, sich in seine

Lage zu versetzen, daß Sie ihn annehmen, daß Sie ihn und sein Anliegen ernst nehmen.

- Daß er angeregt wird, noch mehr, noch eingehender über seine Gefühle zu sprechen.

- Daß er seine Gefühle erst einmal los wird, um sich besser mit der sachlichen Seite des Gespräches zu beschäftigen.

- Daß er sich bei persönlichen, gefühlsbeladenen Schwierigkeiten vielleicht erst einmal klar wird über die eigentliche Ursache dieser Schwierigkeiten.

- Daß er über den eigentlichen Kern des Problems spricht.

Dieses *Ansprechen von Partnergefühlen* hat also für beide Gesprächs-Partner Vorteile. Es gibt beiden die Möglichkeit, sich über die gefühlsmäßigen Zusammenhänge des Gesagten überhaupt erst klar zu werden. Der Vorteil besteht darin: Klarheit in der Gefühlswelt erleichtert die Klarheit in der Sachwelt.

Wie geht nun das Ansprechen von Partnergefühlen vor sich?

Sie versetzen sich, während Ihr Partner spricht, in seine Lage (wie eigentlich während des ganzen partnerorientierten Gesprächs) und versuchen, die Gefühle zu beschreiben, die ihn bewegt haben könnten, als er zu Ihnen sprach. Es erfordert nur etwas Übung, dann haben

Sie sehr schnell gelernt, das Gefühl zu beschreiben, das hinter den Worten des Partners steht.
Sie spüren das Problem, das hinter dem Gefühl steckt aus seinem nichtsprachlichen Verhalten (Tonfall der Stimme, Betonungen, Körperhaltung, Gestik, Gesichtsausdruck usw.) und aus den durch Worte geäußerten Gefühlen (meistens jedoch nicht mit letzter Deutlichkeit).

Im Grunde ist das Ansprechen von Partnergefühlen ähnlich wie das partnerorientierte Wiederholen.

Der Unterschied besteht in zwei Punkten:

1. Sie versuchen bei der Wiederholung, mehr auf das Gefühl des anderen einzugehen.
   Das erreichen Sie am besten dadurch, daß Sie die Wiederholung mit den Worten beginnen:
   »Sie haben also das Gefühl, daß ...«

   Oder:
   »Sie fühlen ...«
   Oder so ähnlich.

2. Sie wiederholen nur (beschreiben das Gefühl des anderen) und antworten nicht.

Diese Beschreibung der Gefühle bzw. Probleme Ihres Partners durch Ihre Worte wird in der Fachsprache »Verbalisieren« genannt.

Die wichtigsten Voraussetzungen für das Gelingen des Ansprechens von Partnergefühlen sind folgende:

- Nicht den Partner seelisch zerlegen.

- Nicht ihn analysieren.

- Nicht psychologische Betrachtungen über ihn anstellen.

- Nicht das, was er gesagt hat, bewerten.

- Nicht Schlüsse und Folgerungen aus dem ziehen, was er gesagt hat.

Das Ansprechen von Partnergefühlen heißt einzig und allein:

- Die Gefühle bzw. Probleme des Partners, die er durch sein Sprechen gezeigt oder verborgen hat, *wertfrei beschreiben.*

Das ist nicht ganz einfach, denn wir alle neigen dazu, bei Gefühlsäußerungen – falls wir sie überhaupt bemerken – aggressiv zu werden oder auch zu resignieren. Dadurch wird unsere Gesprächshaltung sofort nicht mehr partnerorientiert.

Bitte sehen Sie sich hierzu die folgenden beispielhaften Anwendungen des Ansprechens von Partnergefühlen an:

1. Situation:

Ihr Partner ist mit irgendeiner Änderung nicht einverstanden und sagt aufgeregt und ärgerlich:

»Zugegeben, auf dem Papier sieht das alles ja ganz gut aus, ...«

Sie wollen dem Partner zeigen, daß Sie Verständnis für ihn und seine Meinung haben. Sie versuchen also, seine Gefühle nachzuempfinden und sagen:
»Aber Sie meinen, sich noch nicht ganz mit dieser Änderung befreunden zu können ...«

Oder:
»Sie haben das Gefühl, sich noch nicht damit abfinden zu können ...«

Sie haben mit diesen Antworten versucht, das Gefühl des Partners möglichst wertfrei zu beschreiben. Das »wertfrei« ist wichtig; denn nur so fühlt sich Ihr Partner von Ihnen verstanden und schließt sich weiter auf.

Er könnte nun z. B. antworten:
»Ja, so ist es wirklich. Stellen Sie sich einmal vor, was eine solche Änderung für Folgen haben könnte ...«

Vielleicht wird sich Ihr Partner überhaupt erst in diesem Augenblick richtig klar darüber, warum er eigentlich mit der Änderung nicht einverstanden ist.

Dieses Ergebnis würden Sie sicher nicht erreichen, wenn Sie das Gefühl Ihres Partners kritisieren oder ablehnen oder analysieren oder bewerten. Dann fühlt er sich nämlich nicht von Ihnen verstanden oder sogar abgelehnt.

Hierzu zwei Beispiele:

1. »Aber es gefällt Ihnen offenbar trotzdem nicht ...« (Unangemessene Auslegung, evtl. Vorwurf)

2. »Das klingt ja nicht sehr begeistert, muß ich sagen ...« (Enttäuschung, Kritik)

2. Situation:

Ihr Partner hat Schwierigkeiten. Sie haben ihm empfohlen, mit Herrn Müller darüber zu sprechen. Er antwortet Ihnen aber resigniert und enttäuscht:
»Dem Müller, ach dem ist es doch ganz egal, was ich dazu sage.«

Sie wissen im Augenblick auch keinen Rat, oder Sie sind durchaus anderer Meinung, wollen aber zeigen, daß Sie Verständnis für die Situation Ihres Partners und für seine Gefühle haben, und antworten deshalb:
»Sie sind enttäuscht, nicht wahr?«

Oder:
»Sie haben das Gefühl, auf Unverständnis zu stoßen.«

Ihr Partner wird jetzt wahrscheinlich genauere Angaben machen und sagen, was ihn eigentlich bedrückt.

Zum Beispiel:
»Ja, das ist es. Ich bin schwer enttäuscht. Hören Sie sich mal an, was der mir neulich gesagt hat.«

Jetzt können Sie mit Ihrem Partner zusammen der Sache auf den Grund gehen.

Gefährlich wäre die Situation geworden, wenn Sie z. B. geantwortet hätten:
»Also, ich meine, Sie sehen da zu schwarz.«
(Bestreiten der Berechtigung des Gefühls)

Oder:
»Aber hören Sie, so etwas dürfen Sie doch nicht sagen. Ich kenne den Müller doch schon lange Jahre.«
(Ablehnen des Gefühls)

Oder:
»Na, gehen Sie doch mal zu ihm hin, den Kopf kann's ja nicht kosten.«
(Billiger, unverbindlicher Rat)

Bei solchen Antworten würde Ihr Partner sich unverstanden und verletzt fühlen und schließlich resignieren.

3. Situation:

Ihr Partner fühlt sich ungerecht behandelt und sagt:
»Bei mir darf nichts schiefgehen, beim Weber dagegen...«

Sie möchten ihm gern zeigen, daß Sie Verständnis für ihn haben und daß Sie ihm weiterhelfen wollen, und sagen deshalb zu ihm:
»Sie haben also das Gefühl, daß Weber Ihnen vorgezogen wird.«

Oder:
»Sie fühlen sich zurückgesetzt.«

Oder:
»Sie fühlen sich ungerecht behandelt.«

Jetzt wird Ihr Partner vielleicht seine Schleusen öffnen und erwidern:
»Ja, so ist es. Denken Sie mal, was da neulich passiert ist ...«

Nun ist es sicherlich möglich, über die Sache selbst (befreit von Emotionen) zu reden.

Das würden Sie nicht erreichen, wenn Sie etwa geantwortet hätten:
»Na hören Sie mal, das stimmt doch gar nicht.«
(Abstreiten der Berechtigung des Gefühls)

Oder:
»Sie sind aber auch wirklich empfindlich.«
(Analyse)

Oder:
»Das sehen Sie ganz falsch.«
(Abstreiten der Berechtigung des Gefühls)

Diese Antworten grenzen schon an die *Sprache der Macht* und fordern Aggression oder Resignation heraus.

Ansprechen von Partnergefühlen heißt also:

- Dem Partner Mut machen, sachliche und gefühlsmäßige Gesprächsinhalte näher zu beschreiben.

- Sich über sachliche und gefühlsmäßige Zusammenhänge überhaupt erst klar zu werden.

- Die eine Sache begleitenden Gefühle erst einmal los zu werden, um dann emotionsloser über die Sache selbst sprechen zu können.

Genau das Gegenteil wird jedoch erreicht, wenn die Gefühle des Partners analysiert, bewertet, kritisiert oder abgelehnt werden.

Es gibt gar nicht so viele Gefühlsäußerungen, und die meisten sind eng verwandt miteinander.

Hier sind die häufigsten.
Diese Gefühlsäußerungen können auch bei den »Ich-Aussagen« (S. 117) verwendet werden.

Mögliche Gefühlsäußerungen beim
»Ansprechen von Partnergefühlen« und
»Aussprechen eigener Gefühle« (Ich-Aussagen)

Sie fühlen sich: *Sie sind:* *Ich fühle mich:* *Ich bin:*	*Sie haben:* *Ich habe:*
– ärgerlich	– Angst
– außer sich (mir)	– Bedenken
– belastet	– ein schlechtes Gefühl
– betrogen	– ein ungutes Gefühl
– eingeengt	– Hemmungen

– entsetzt
– frustriert
– gehemmt
– geschockt
– gestört
– gestreßt
– hintergangen
– im Stich gelassen
– lächerlich gemacht
– niedergeschlagen
– ratlos
– überfordert
– übergangen
– unfair behandelt
– ungeduldig
– ungerecht behandelt
– unglücklich
– unverstanden
– unwürdig (behandelt)
– verärgert
– verletzt
– verunsichert
– wütend
– zurückgewiesen

– Zweifel

Sie
– finden das nicht gut
– mögen das nicht

Ich
– finde das nicht gut
– mag das nicht

2. Regel: Umkehrbar formulieren

Selten wird jemand durch den Inhalt dessen, was man ihm sagt, gekränkt. Fast immer ist es die Form, die Art, wie man etwas sagt, die weh tut, die aggressiv macht, die das Selbstwertgefühl verletzt.

Die *Sprache der Macht* leistet in dieser Beziehung besonders viel Negatives, da sie ja auf absoluten »Sieg« ausgerichtet ist – den Gesprächs-Partner also zum »Verlierer« machen will.

Bitte denken Sie einmal nach. Wenn Sie mit einem Mitarbeiter sprechen, gebrauchen Sie doch auch oft diese Sprache – wie z. B.:

»Bitte erledigen Sie das möglichst schnell.«
(Befehl)

Oder:
»Werden Sie denn nie klug?«
(Vorwurf)

Oder:
»Da haben Sie sich ja mal wieder mit Ruhm bekleckert.«
(Sarkasmus)

Oder:
»Ich hätte es gleich selber machen sollen.«
(Vorwurf)

Solche und ähnliche Äußerungen könnte umgekehrt ein Mitarbeiter nie zu Ihnen machen. So können nur Sie zu ihm sprechen, weil Sie mächtiger sind als er, weil er von Ihnen abhängt. Sie sind also Sieger und er Verlierer.

Auch gegenüber Kollegen sind folgende und ähnliche Äußerungen oft an der Tagesordnung *(Sprache der Macht):*

»Ich schlage vor, daß Sie sich um Ihre Angelegenheiten kümmern.«
(Vorwurf)

Oder:
»Ihre ewige Qualmerei ist zum Auswachsen.«
(Vorwurf)

Oder:
»Meinen Sie, daß Sie immer alles richtig machen?«
(Sarkasmus)

Oder:
»Bitte unterlassen Sie das!«
(Befehl)

Entweder »kuscht« der Kollege, dann haben Sie ihn besiegt (mit allen den möglichen negativen Folgen), oder er verwendet die gleiche Sprache. Dann gibt es Krieg.

Wie soll man sich nun statt dessen verhalten? Man kann doch nicht dauernd nachgeben, sondern man möchte sich schließlich durchsetzen.

Sie sind wahrscheinlich einig mit mir, daß die eben aufgeführten Beispiele der *Sprache der Macht* das Selbstwertgefühl der Gesprächs-Partner ankratzen.

Wer läßt sich denn schon gerne befehlen oder Vorwürfe machen oder durch Sarkasmus ärgern? Sie sicher nicht, und ich auch nicht.

Gehen Sie doch davon aus, daß der andere das, was Sie stört, gar nicht mit der Absicht getan oder gesagt hat,

Sie zu stören, zu ärgern oder zu verletzen. Warum schiebt man also das Gespräch auf ein Gleis, das den Mitarbeiter verletzt (mit allen den möglichen weiter oben beschriebenen Folgen), oder den Kollegen zu einem Schlagabtausch zwingt?

Wenn Sie also Wert darauf legen, das Gespräch zu einem für Sie oder für beide Teile erfolgreichen Ende zu bringen, dann werden Sie diese zweite Regel des partnerorientierten Gespräches befolgen:

- Alle Äußerungen zu einem Partner so formulieren, daß dieser sie genauso auch zu Ihnen sagen könnte. Somit bleibt das Selbstwertgefühl intakt.

Ich wiederhole jetzt noch einmal die nicht-umkehrbaren Äußerungen zu Beginn dieses Kapitels – doch nun umformuliert, so daß sie jetzt umkehrbar sind:

»Wenn Sie das schnell erledigen können, bringt es große Vorteile.«

»Ich ärgere mich darüber, daß Sie wieder reingefallen sind.«

»Ich bedaure, daß Ihnen das danebengegangen ist.«

»Mit meiner Erfahrung hätten Sie es wahrscheinlich geschafft.«

»Es stört mich, wenn ich die Angelegenheit nicht allein regeln kann.«

»Ich wäre Ihnen dankbar, wenn wir uns auf bestimmte Rauchzeiten einigen könnten.«

»Ihre Kritik gefällt mir nicht.«

»Ich finde es nicht gut, wenn Sie das tun.«

Dies sind Beispiele, wie man kritische Aussagen auch formulieren könnte, umkehrbar nämlich. Vom *Inhalt* her lassen sie an Deutlichkeit nichts zu wünschen übrig; aber in der *Form* verletzen sie nicht so. Dadurch bleibt die Beziehungsebene positiv aufgeladen, und Sie wirken viel sicherer und überzeugender.

Ich-Aussagen

Ganz sicher können Sie sein, umkehrbar zu formulieren, wenn Sie »Ich-Aussagen« einsetzen. Was heißt das? Immer, wenn Sie anderer Meinung sind als Ihr Gesprächspartner, wenn Sie sich über ihn ärgern, wenn Sie ihn als aggressiv empfinden, dann antworten Sie nicht direkt auf das, was er sagt, kritisieren ihn nicht, greifen ihn nicht an (Sprache der Macht – nicht umkehrbar), sondern Sie sagen Ihre Meinung, Sie äußern ganz frei und locker, was Sie empfinden bzw. fühlen.

Viele Menschen neigen dazu, Probleme, die ihnen Ängste und Ärger bereiten, als Vorwürfe zu formulieren und sie den scheinbaren oder wirklichen Verursachern »um die Ohren zu schlagen«. Darüber ärgern die sich dann ihrerseits und kontern wiederum mit *Negativen Du-Aussagen.* Das führt zu Eskalationen, die den negativen Ausgang des Gespräches fast zwangsläufig herbeiführen.

Diese Negativen Du-Aussagen sind besonders häufige und verletzende Auswüchse der *Sprache der Macht.*

Wie kommt es zu diesen Negativen Du-Aussagen?
Es ist immer wieder derselbe Vorgang:

Wir meinen (durch Erziehung usw.), wir müßten unseren Gesprächs-Partner besiegen, oder wir ärgern uns (Streßhormone) und wollen ihm durch einen Sieg unsere Meinung oder unsere Sicht des Problems aufzwingen. Das führt unter annähernd Gleichstarken zum Krieg und bei einem Unterlegenen (Mitarbeiter usw.) zur Frustration mit ihren schädlichen Auswirkungen.

Wie kann man nun Negative Du-Aussagen vermeiden?
Verwenden Sie doch einfach *Ich-Aussagen.*
Ich-Aussagen sind der direkte Ausdruck dessen, was Sie bewegt, also der direkte Ausdruck Ihrer Gefühle. Sie teilen bei der Ich-Aussage Ihre eigenen Gefühle, Empfindungen und Gedanken mit. Sie legen also Ihr Problem offen auf den Tisch.

Bei der Negativen Du-Aussage verbergen oder verdekken Sie Ihr Gefühl. Sie klagen den anderen an und formulieren Ihr Problem als Vorwurf an ihn.

Die Negative Du-Aussage gehört also eindeutig zum Repertoire der *Sprache der Macht.*
Ich-Aussagen dagegen sind überzeugender und wirken positiv.

Wir wollen noch einmal zurückschalten auf unsere 5

Beispiele von Negativen Du-Aussagen auf S. 24 und dann die Ich-Aussagen zum Vergleich dagegen setzen.

1. Eltern:
   Negative Du-Aussage:
   »Du bist ein ganz ungezogenes Kind!«

   Ich-Aussage:
   »Ich bin sehr traurig, daß Du das getan hast.«

   Oder:

   Ich-Aussage:
   »Ich bin sehr böse, daß Du nicht auf mich gehört hast.«

   Diese Ich-Aussagen drücken deutlich aus, was Sie empfinden, verletzen aber das Selbstwertgefühl des Kindes nicht. Infolgedessen gibt es keine oder kaum eine Trotzreaktion, und das Kind schwenkt viel eher auf Ihre Linie ein als durch die Negative Du-Aussage.

2. Lehrer:
   Negative Du-Aussage:
   »Du bist faul und dumm!«

   Der Lehrer beschimpft das Kind. Schimpfen verletzt das Selbstwertgefühl. Trotz und Rachegefühle entstehen. Das ist keine Basis für gutes Lernen.

   Da motiviert die Ich-Aussage ganz anders.

Ich-Aussage:
»Ich finde Deine Leistungen und Dein Benehmen wirklich nicht gut.«

Oder:

Ich-Aussage:
»Ich bin ärgerlich über Deine Leistungen und Dein Benehmen.«

Das sind auch deutliche Rügen, aber sie verletzen nicht so.

3. Lehrherr:
Negative Du-Aussage:
»Los, los, stehen Sie nicht so faul herum!«

Es ist noch nicht einmal bewiesen, ob der Lehrling wirklich faul herumsteht. Doch der Lehrherr hat sich vielleicht über etwas ganz anderes geärgert und macht diesem Ärger jetzt Luft. Der Auszubildende wird sich nach diesem Rüffel bestimmt nicht mit Feuereifer auf die Arbeit stürzen, und das Verhältnis zum Lehrherrn (oder dessen Beauftragten) wird sich auch nicht harmonischer gestalten.

Wie sieht dagegen eine Ich-Aussage aus?

Ich-Aussage:
»Ich habe es nicht gerne, wenn die Arbeit so lange liegen bleibt.«

Oder:

Ich-Aussage:
»Mir wäre es wirklich lieber, Sie würden etwas schneller arbeiten.«

Hier könnte der Lehrherr sogar noch eine Begründung anhängen, z. B.:
»Sie wissen doch, daß die Arbeit morgen fertig sein muß.«

Glauben Sie nicht auch, daß diese Ich-Aussagen erfolgreicher sind?

4. Militärischer Vorgesetzter:
Negative Du-Aussage:
»Etwas mehr Bewegung, wenn ich bitten darf!«

Nun, hier kommt es sicher auf den Ton an, aber unterstellen wir einmal, es würde in zynischem Ton gebrüllt. Gern folgen die Rekruten dieser »Aufforderung« nun bestimmt nicht.

Versuchen wir es einmal mit einer Ich-Aussage.

Ich-Aussage:
»Ich wünsche mir Ihren vollen Einsatz.«

Oder:

Ich-Aussage:
»Ich bin sehr unzufrieden mit dieser Übung!«

Diese Aussagen lassen zwar keinen Zweifel daran, daß der militärische Vorgesetzte unzufrieden ist, aber sie verletzen das Selbstwertgefühl der Rekruten nicht. Dadurch besteht die Chance, daß sie das, was sie tun sollen, lieber tun.

5. Betrieblicher Vorgesetzter:
Negative Du-Aussage:
»Da haben Sie ja mal wieder einen schönen Mist gebaut!«

Jeder Mitarbeiter ist gekränkt, dem so etwas gesagt wird. Und wer gekränkt ist, arbeitet nicht gern für den, der ihn gekränkt hat. Er wird sich u. U. in irgendeiner Form rächen.

Hier folgen nun Vorschläge für Ich-Aussagen.

Ich-Aussage:
»Ich halte das nicht für gut, was Sie gemacht haben.«

Oder:

Ich-Aussage:
»Ich ärgere mich sehr, daß Ihre Arbeit überhaupt nicht den Anforderungen entspricht.«

Seien Sie überzeugt, daß diese Art Tadel viel wirksamer ist im Hinblick auf ein positives Arbeitsklima.

Durch die Ich-Aussage signalisieren Sie dem Gesprächs-Partner, daß Sie sich gestört fühlen, daß Sie ein Problem haben, das er verursacht hat. Sie bringen dadurch das ganze Gespräch in ein sehr viel ruhigeres Fahrwasser; denn Sie machen ihm keine Vorwürfe, verurteilen ihn nicht, schimpfen nicht und klagen ihn nicht an. Sie legen nur Ihr Problem auf den Tisch und bitten den anderen gewissermaßen um Hilfe.

Sie stellen ihm anheim, Ihr Problem zu lösen, Ihre Störung zu beseitigen. Anstatt das Selbstwertgefühl des Partners zu verletzen, wird es vielleicht sogar gestärkt; denn eine Bitte um Hilfe ergeht ja fast immer nur an jemanden, der auch stark genug ist, zu helfen.
Oder aber Sie wecken durch die Ich-Aussage das schlechte Gewissen des anderen, was dann meistens zur Folge hat, daß dieser die Ursache für sein schlechtes Gewissen – Ihre Störung durch ihn nämlich – beseitigt.

Hier sind noch einmal die wichtigsten Vorteile der Ich-Aussagen:

- Sie sind aufrichtig und ehrlich.

- Sie wecken die Bereitschaft des Gesprächs-Partners zu eigenen Ich-Aussagen.

- Sie schaffen eine Atmosphäre der Offenheit und des Vertrauens.

- Sie greifen den Partner nicht so an.

- Sie unterbinden fruchtlose Diskussionen, da es keine Schuldzuweisungen gibt.

- Sie legen dem Gesprächs-Partner nahe, sein Verhalten zu ändern.

Ich-Aussagen wehren unfaire Angriffe ab[1)]

Beleidigung mit Beleidigung zu vergelten,
ist die Art des Pöbels.

(Friedrich der Große)

Aus den vorhergehenden Ausführungen ist vielleicht noch eines deutlich geworden:
Mit Ich-Aussagen lassen sich unsachliche, unqualifizierte Angriffe hervorragend parieren.

Hier einige Beispiele:

Gesprächs-Partner:
»Du lügst!«

Antwort:
»Ich bedaure, daß Du diesen Eindruck gewonnen hast, aber ich bin sicher ...«

Gesprächs-Partner:
»Das ist doch alles dummes Geschwätz!«

Antwort:
»Es trifft mich sehr, daß Sie meine Meinung für Geschwätz halten. Ich meine es aber wirklich ernst!«

Gesprächs-Partner:
»Die Arbeit würde ohne Sie viel besser gehen!«

Antwort:
»Es tut mir leid, daß ich in Ihren Augen so wenig leiste, aber ich gebe mir wirklich Mühe ...«

Gesprächs-Partner:
»Können Sie mich nicht endlich mal in Ruhe arbeiten lassen?«

Antwort:
»Ich bin selber ganz unglücklich, daß ich Sie stören muß, aber die Sache verträgt keine Verzögerung.«

Bei unfairen Angriffen ist man zunächst geneigt, emotional zu reagieren nach dem Motto: »Auf einen groben Klotz gehört ein grober Keil.«
Aber wenn Sie Wert darauf legen, das Gespräch weiter- und zu einem guten Ende zu führen, dann ist eine Ich-Aussage sicher hilfreicher. Sie gibt Ihnen die Möglichkeit, Ihren Gesprächs-Partner immer wieder auf den »Pfad der Tugend« zurückzuführen.

Dazu dienen weiterführende Sätze wie:

»... Aber ich bin sicher, daß ...«

»... Ich meine es aber wirklich ernst.«

»... Aber ich gebe mir wirklich Mühe ...«

»... Aber die Sache verträgt keine Verzögerung.«

usw.

Bei jeder anderen Gesprächshaltung und auch bei den

Techniken, die als »Dialektik« gelehrt werden, erfolgt oft eine Steigerung der Aggression, die ein positives Ende des Gesprächs unmöglich macht.

Wenn Sie Interesse an einem für Sie und für Ihren Partner erfolgreichen Gesprächsausgang haben, werden Sie sich immer partnerorientiert verhalten und durch Ich-Aussagen den Gesprächs-Partner von der Konfrontation wegbringen.

3. Regel: Partnerorientiert fragen

Fragen – richtig gestellt – gestalten die Beziehungsebene fast immer positiv. Ich schreibe absichtlich: »richtig« gestellt. Das ist nämlich nicht dasselbe wie: »richtige« Fragen.

»Richtige« Fragen sind solche, die nach Meinung des Fragenden richtig sind. Das bedeutet nicht, daß der Gefragte sie »richtig« findet. Im Gegenteil: Er kann sie als unangenehm und damit als für ihn falsch empfinden. »Richtig« gestellte Fragen dagegen signalisieren Verständnis für die Lage des Gefragten und halten durch ihre Partnerorientierung die Beziehungsebene freundlich.

Wie stellen Sie nun Fragen richtig? Hier gilt dasselbe wie bei der zweiten Regel (Umkehrbar formulieren):

- Alle Fragen so formulieren, daß sie umgekehrt auch Ihnen gestellt werden könnten, ohne daß Sie dadurch unangenehm berührt würden. Also auch Fragen müssen umkehrbar sein. Dabei sind häufig Formulierung und Ton ausschlaggebend – weniger der Inhalt der Frage.

Hier einige Beispiele:

Negativ:	*Partnerorientiert:*
»Haben Sie das nicht selber verschuldet?«	»Wie sind Sie in die Sache hineingeraten?« (Sie wollen nicht anklagen, sondern den Partner auf Ihre Linie bringen. Wenn Sie – wie hier – Verständnis signalisieren, spricht er sich eher aus.)
»Was haben Sie sich denn dabei gedacht?«	»Sie hatten das Gefühl, daß es so besser gehen würde, nicht wahr?« (Sie wollen Ihren Partner nicht zwingen, eine Schuld zu bekennen, sondern ihm die Möglichkeit geben, sich zu entschuldigen.)

»Warum haben Sie die Stelle so oft gewechselt?«	»Welches waren die Gründe für Ihre Stellenwechsel?« (Wenn Sie Interesse am Partner haben, dann wollen Sie es ihm leicht machen, die Gründe zu nennen, statt ihn dazu zu zwingen, sich zu rechtfertigen.)
»Wie ist das passiert? Was haben Sie sich dabei gedacht? Und warum haben Sie es nicht verhindert?«	»Was waren Ihre Überlegungen bei der Sache?« (Sie wollen Ihren Partner nicht bloßstellen, nicht anklagen, nicht blamieren, sondern seine wirklichen Beweggründe erfahren.)

Selbstverständlich ist diese partnerorientierte Haltung fehl am Platz, wenn Sie jemanden wirklich besiegen müssen. Aber das kommt im (Geschäfts-)Leben nur selten vor.

4. Regel: Schnell und deutlich zur Sache kommen

Wenn Sie umkehrbar formulieren, können Sie sehr unangenehme Sachverhalte mitteilen, ohne Angst haben zu müssen, daß der andere aggressiv reagiert. Sie brauchen also nicht mehr »um den heißen Brei« herumzureden, wie das sonst bei Gesprächen mit unangenehmem Inhalt häufig der Fall ist, sondern können schnell und deutlich zur Sache kommen.

Keine »weiche Welle« – keine unerlaubte Manipulation

Eines sollte Ihnen beim partnerorientierten Verhalten ganz bewußt sein:
Es ist keine »weiche Welle«. Die können sich nämlich erfolgreiche Firmen gar nicht leisten. Diese Haltung ist im Grunde äußerst hart, weil sie dem anderen – dem Gesprächs-Partner – keine Möglichkeit zu Aggressionen, zum Ausbrechen oder Ausweichen gibt.

Nun wird mir, bzw. den anderen Verbreitern dieser wirksamen Verhaltensweise manchmal vorgeworfen, daß dieses partnerorientierte Verhalten eine schlimme und unerlaubte Manipulation darstelle. Es wird behauptet, daß der Gesprächs-Partner aus der Tatsache, daß bei ihm Aggressionen abgebaut werden oder gar nicht erst aufkommen, schließe, daß das Gespräch in seinem Sinne laufe, und er zunächst gar nicht merke, daß der andere sich durchgesetzt hat. Erst später würde er begreifen, was gelaufen ist, und dann sei seine Frustration um so größer.

Die vorliegenden Erfahrungen zeigen jedoch, daß das im allgemeinen nicht der Realität entspricht. Durchgesetzt hätte sich der andere – hierarchisch Höhere, der Stärkere – ja sowieso. Mit der *Sprache der Macht* hätte er den anderen »besiegt« mit allen den negativen Folgen, die ich beschrieben habe. Da ist es doch wesentlich sinnvoller, durch partnerorientiertes Verhalten, ohne Verletzung des Selbstwertgefühls, »gewonnen« anstatt »besiegt« zu werden.

Es gibt natürlich auch Mitarbeiter, die nicht partnerorientiert behandelt werden wollen. Die es einfach brauchen, mal kräftig angeschrien und hart angepackt zu werden. Nur dann sind sie motiviert und tun, was sie sollen. Bei denen können Sie dann ruhig nach wie vor die *Sprache der Macht* anwenden.

Aber solche Mitarbeiter sind selten, und an ihnen sollten Sie nie und nimmer Ihr gesamtes Verhalten ausrichten.

Zusammenfassung

Zusammenfassend möchte ich noch einmal die wichtigsten Punkte nennen:

Menschen, die sich »wohl«-fühlen, arbeiten gern und dadurch besser. Menschen fühlen sich aber (mit wenigen Ausnahmen) nur dann wohl, wenn sie sich auch als Menschen gleichberechtigt und ernstgenommen fühlen.

Einer der Wege zu diesem Ziel ist das Befolgen der Regeln des partnerorientierten Kommunikationsverhaltens:

1. Regel: Partnerorientiert zuhören.

2. Regel: Umkehrbar formulieren.

3. Regel: Partnerorientiert fragen.

4. Regel: Schnell und deutlich zur Sache kommen.

(5. Regel: Partnerorientiert sprechen.[11])

Durch konsequente Anwendung dieser Regeln wird oder bleibt die Beziehungsebene zwischen Ihnen und Ihren Gesprächs-Partnern positiv und das, was Sie sagen und wollen, wird eher angenommen – auch wenn der andere ursprünglich anderer Meinung war.

Sie führen durch diese Haltung ganz einfach überzeugender und gewinnen leichter.

4 Beispiele für partnerorientiertes Verhalten

Nichts Nachgiebigeres in der Welt
als Wasser.
Dennoch zwingt es das Härteste.

(Laotse)

Gespräche zwischen nicht-gleichberechtigten Partnern

Ich habe in meinen Seminaren an simulierten, der Praxis entnommenen Beispielen Gespräche zwischen nicht-gleichberechtigten Partnern üben lassen. Jedes dieser Beispiele wurde über hundertmal durchgespielt. Fast alle liefen ganz ähnlich ab, wie Sie es nachfolgend lesen können.

Grundsätzlich erreichte der hierarchisch höhere Gesprächs-Partner sein Gesprächsziel, wenn er sich partnerorientiert verhielt. In den Fällen, in denen dieses Ziel nicht erreicht wurde, hatte der Betreffende das partnerorientierte Verhalten mißverstanden. Er glaubte, er müsse nachgeben oder unter allen Umständen Kompromisse schließen. Daraufhin übernahm dann der andere Gesprächs-Partner die Gesprächsführung und setzte sich entweder durch, oder das Gespräch zog sich ergebnislos in die Länge.

Mit dem partnerorientierten Verhalten erreicht der Gesprächs-Partner, der sich partnerorientiert verhält, nur dann sein gewünschtes Gesprächsziel, wenn er, ohne nachzugeben, dieses Gesprächsziel verfolgt – also die Fakten klar und deutlich auf den Tisch legt.

Zunächst komme ich noch einmal auf das Beispiel auf Seite 39 zurück.
Sie erinnern sich? Es war das Negativ-Beispiel eines

Gespräches zwischen Abteilungsleiter Felden und seinem Mitarbeiter Wagner.
Bitte blättern Sie noch einmal zurück und lesen das Beispiel.

Dieses Gespräch zwischen Felden und Wagner wurde später unter den neuen Gesichtspunkten noch einmal geführt. Dabei verhielt sich der Abteilungsleiter partnerorientiert, und das Gespräch nahm daraufhin folgenden Verlauf:

Beispiel: Stab – Linie

2. partnerorientierte Fassung

– Felden verhält sich partnerorientiert –

Felden begrüßt Wagner und bittet ihn an den kleinen Besprechungstisch in seinem Zimmer. Er setzt sich ihm gegenüber. (Blickkontakt!)

	Felden:
Schafft gutes Klima	»Schön, daß Sie sich freimachen konnten, Herr Wagner. Ich darf Ihnen bei dieser Gelegenheit sagen, daß Ihre Pläne anscheinend überall gut ankommen. Ich bekomme häufig Komplimente deswegen. Worüber ich mich natürlich freue.«

Wagner:
»Das hört man gern. Das ›Pläneschmieden‹ macht mir auch wirklich Spaß, und ich gebe mir viel Mühe.«

Felden:

Ich-Aussage

»Herr Wagner, ich habe Sie hergebeten, weil ich ein Problem habe.«

Wagner:
»So? Kann ich Ihnen dabei irgendwie helfen?«

Felden:

Partner-orientierte Frage

»Ja, wahrscheinlich.
Darf ich fragen, wie Sie so in letzter Zeit draußen an der Front zurechtgekommen sind, wenn Sie Ihre Pläne überbracht haben?«

Wagner:
»Warum? Sind irgendwelche Beschwerden eingelaufen?«

Felden:

Sagt es ohne eigene Stellungnahme und ohne Aggression

»Ja. Seit zwei bis drei Monaten bekomme ich wiederholt Anrufe von einigen meiner Kollegen der Linie. Sie beschweren sich darüber, daß Sie sich im Ton verändert hätten.«

Wagner:

Aggressiv

»Wie, im Ton?«

Felden:
»Ja, Sie wären patzig, ungeduldig, ließen niemanden ausreden und würden auch schon mal ausfallend.
Daher meine Frage von vorhin:

Partner-orientierte Frage

Haben Sie in letzter Zeit irgendeine Veränderung in Ihrem Verhältnis zu meinen Kollegen gemerkt?«

Wagner:

Kann nicht aggressiv reagieren

»Nein, eigentlich nicht. Nun, es geht nicht immer alles ganz glatt. Aber Schwierigkeiten gibt es eigentlich nicht. Und was die Vorwürfe betrifft – die stimmen wirklich nicht!«

Felden:
»Ich habe denen auch gesagt, ich könne mir das gar nicht vorstellen. Ich würde Sie ganz anders kennen.«

Wagner:

Aggressiv

»Wer hat das denn behauptet?«

Felden:
»Es wird vielleicht gar nicht nötig sein, Namen zu nennen. Viel wichtiger sind eigentlich die Gründe, die zur Meinung der Kollegen geführt haben.«

	Wagner:
Aggressiv	»Da bin ich aber anderer Meinung. Ich möchte schon wissen, wer so etwas behauptet.«
	Felden:
	»Darf ich Ihnen ein paar Fragen stellen?«
	Wagner:
	(stimmt unwillig zu)
	Felden:
Partner-orientierte Frage	»Solche Netzpläne, wie Sie sie machen, bringen doch für die, die sie durchführen, zusätzliche Arbeit?«
	Wagner:
Sachlich	»Zunächst ja. Das wird aber mehr als kompensiert durch weniger Ärger und eingehaltene Termine.«
	Felden:
Partner orientierte Frage	»Wie reagieren denn die Herren so, wenn Sie mit den Plänen kommen?«
	Wagner:
Sachlich	»Oft nicht sehr begeistert. Bisher hat es ja auch ohne Pläne geklappt. Außerdem komme ich eigentlich immer ungelegen, obwohl ich mich rechtzeitig anmelde.«

Felden:

Ansprechen von Partnergefühlen

»Und dann sind Sie manchmal enttäuscht über diese Reaktion.
Schließlich haben Sie sich mit den Plänen alle Mühe gegeben.«

Wagner:
»Ja, das stimmt. Ich ärgere mich manchmal.«

Felden:

Zeigt Verständnis

»Sie wären einer der ganz wenigen Menschen, die ihren Ärger nicht in irgendeiner Form zeigen.«

Wagner:
»Wahrscheinlich tue ich das. Ist ja auch verständlich.«

Felden:
»Natürlich ist das verständlich. Aber meine Kollegen sehen das anders. Sie sehen die Schuld bei Ihnen.«

Wagner:
»Aber das stimmt doch gar nicht.«

Felden:
»Da haben wir's.
Sie ärgern sich über die fehlende Begeisterung bei den anderen, und die ärgern sich über Ihre Reaktion darauf.«

Wagner:
»Wie? Also ... das könnte natürlich sein.«

Felden:
»Ist aber nicht in unserem Sinne.
Wir brauchen ganz einfach die gute Meinung der anderen, um das Image unserer Abteilung zu festigen. Ganz abgesehen davon, daß es sich ohne Reibung besser arbeiten läßt.
Übrigens: Mit Ihrer Arbeit sind alle – aber auch alle – sehr zufrieden. Ich habe das Ihnen ja schon vorhin gesagt.
Aber wie meinen Sie, könnte man den augenblicklichen Zustand ändern, den wir ja beide nicht gut finden?«

Wagner:
»Vielleicht sollten die Herren ein bißchen mehr von unserer Arbeit wissen.«

Felden:
»Um mehr Verständnis dafür zu haben.«

Wagner:
»Ja.«

Felden:
»Wie können wir das erreichen?«

Wagner:
»Vielleicht ein Rundschreiben?«

Felden:
»Oder ein Seminar?«

Wagner:
»Von der Geschäftsleitung einberufen.«

Felden:
»Mit Ihnen als Referent.«

Wagner:
»Und mit Ihnen.«

Felden:
»Da zeigen wir denen mal so richtig, welchen Nutzen sie durch unsere Pläne haben. Wie viele Pannen vermieden werden. Wie viel Zeit sie sparen.«

Wagner:
»Oder Sie gehen mal mit mir, und wir erklären das alles jedem einzelnen an Ort und Stelle.«

Felden:
»Vielleicht könnten Sie auch mal ein Seminar besuchen über den Umgang mit schwierigen Menschen, damit Sie im Ernstfall gelassener reagieren lernen.«

Ich glaube, hier können wir das Gespräch abbrechen. Herr Felden hatte sein Ziel erreicht, und das wird von Herrn Wagner mitgetragen, weil er überzeugt ist, daß dieser Weg der richtige ist.

Was ist bei diesem Gespräch nun anders gelaufen als bei der ersten, nicht-partnerorientierten Fassung?

Zunächst einmal muß ganz klar festgestellt werden, daß Felden seinen Mitarbeiter Wagner als Mensch und als Partner ernst nahm. Er interessierte sich ehrlich für dessen Überlegungen und Meinungen und zeigte das durch partnerorientiertes Zuhören und durch partnerorientierte Fragen.

Im Gegensatz zur ersten Gesprächsfassung sagte Felden nichts, was das Selbstwertgefühl Wagners belastete. Alles, was er sagte, war umkehrbar. Felden verhielt sich also durchaus partnerorientiert – mit dem Erfolg, daß er erreichte, was er wollte.

Wagner verhielt sich ganz »normal« – also nicht partnerorientiert.

Felden hat aber noch zwei andere Grundsätze berücksichtigt:

1. Bei Differenzen (Konflikten) stets die Ursachen feststellen.
2. Wenn die Ursachen bekannt sind, den anderen an der Beseitigung der Konflikt-Ursachen – also an der Lösung des Problems – beteiligen.

Zu 1. Die Ursache für Wagners Verhaltensänderung lag offenbar im Ärger über die Reaktionen seiner Gesprächs-Partner. Wenn diese Reaktionen positiver würden, würde auch Wagners Verhalten wieder positiver, weil er dann einfach keinen Grund mehr hätte, sich aggressiv zu verhalten. Außerdem könnte auch der Besuch eines guten Seminars über Umgang mit anderen Menschen zusätzlich eine sachlichere Haltung bei Wagner herbeiführen.

Zu 2. Felden hat die Problemlösungen nicht selber und allein vorgeschlagen, sondern Wagner an der Lösungssuche beteiligt. Es ist bekannt, daß fast jeder an Problemlösungen, die er selber gefunden hat oder an deren Finden er beteiligt war, mehr interessiert ist als an Lösungen, die ihm von einem anderen »auf's Auge gedrückt« werden.

Wir werden zu diesen beiden Punkten noch Näheres im Kapitel »Partnerorientierte Konfliktregelung« (S. 171) lesen.

Die entscheidende Erkenntnis aber, die wir schon bei diesem Gesprächsverlauf gewinnen, ist: Der Gesprächsführer (Felden), der das Gespräch herbeigeführt hat, um ein bestimmtes Ziel zu erreichen, hat ohne Aggressionen gesprochen. Dadurch hatte auch sein Gesprächs-Partner (Wagner) keinen Grund, die ursprünglichen Aggressionen beizubehalten. Die Folge war, daß der Gesprächsführer seinen Gesprächs-Partner fast zwangsläufig (weil zwanglos!) auf seine Linie brachte, ihn überzeugte und so sein angestrebtes Gesprächsziel erreichte.

Sie werden jetzt vielleicht einwerfen:
Eine solche Gesprächsführung ist doch bei diesen simulierten Gesprächen keine Kunst. In live-Situationen läuft das Gespräch doch ganz anders!
Im Gegenteil: Bei simulierten Gesprächen ist es für die partnerorientierten Gesprächs-Teilnehmer schwieriger als in live-Situationen, denn der andere Gesprächs-Partner (in diesem Fall: Wagner) ist programmiert, sich möglichst aggressiv und uneinsichtig zu verhalten.

Und trotzdem wird er für Feldens Meinung gewonnen, weil er fast nicht anders kann. Wenn der Gesprächsführer ohne Aggressionen spricht – also ohne das Selbstwertgefühl des Partners zu verletzen –, bedeutet das kein »Nachgeben« oder »weich sein«; denn, wie Sie im Beispiel sehen, nennt Felden klar und ohne Umschweife die kritischen Fakten.

Gespräche dieser Art verlaufen dann am reibungslosesten, wenn Sie als hierarchisch Höherer partnerorientiert mit einem Mitarbeiter sprechen.

Es funktioniert aber auch, wenn Sie partnerorientiert mit einem Gleichgestellten sprechen.
Bei Gesprächen mit Vorgesetzten oder Kunden stellen sich Erfolge schwerer ein. Aber häufig erreichen Sie mit dieser Haltung auch hier für sich bessere Ergebnisse.

Grundsätzlich dazu noch eine vielleicht notwendige Bemerkung:
Notwendig ist das partnerorientierte Verhalten nur bei kontroversen Gesprächen, weil jeder Teilnehmer dabei traditionell und instinktiv die *Sprache der Macht* anwenden will.
Bei Gesprächen, bei denen jedoch von Anfang an Übereinstimmung herrscht, fällt das partnerorientierte Verhalten nicht schwer.
Wenn Sie aber keine Übereinstimmung wollen, sondern auf Konfrontation aus sind, dann dürfen und werden Sie sich natürlich nicht partnerorientiert verhalten.

Beispiel: Gespräch mit Konsequenzen

Beschreibung der Situation

Spezialisten neigen dazu, die Bedeutung ihres eigenen Arbeitsgebietes zu überschätzen. Oder – anders ausgedrückt: Sie glauben, andere Aufgaben vernachlässigen zu können, wenn sie in ihrer ureigensten Domäne hervorragende Leistungen erbringen.

Im vorliegenden Fall handelt es sich um den Abteilungsleiter Frohwein, der ein As auf dem Gebiet der Planung ist. Aber in anderen wesentlichen Management-Funktionen – wie Führen, Delegieren, Kontrollieren – versagt er.

Dies hält er jedoch nicht für erheblich: Gerade einer exakten Vorausplanung käme heute größere Bedeutung denn je zu. Und für die sogenannten Führungsaufgaben könne man sich ja einen tüchtigen Assistenten einstellen.

Frohweins Chef, Hauptabteilungsleiter Mahlich, hat in mehreren Gesprächen versucht, diese Einstellung Frohweins zu ändern. Da er damit keinen Erfolg hatte, beschließt er, Frohwein in eine Stabs-Abteilung abzuschieben, wo er sich ganz der Planung widmen könnte und der Verantwortung für das Erreichen eines Abteilung-Solls enthoben wäre. In dieser Stabs-Abteilung kann sich Frohwein finanziell noch weiterentwickeln. Aber seine Karriere ist damit beendet.

Dummerweise ist Frohwein davon überzeugt, daß er noch eine blendende Karriere vor sich habe und rechnet damit, demnächst zum Hauptabteilungsleiter befördert zu werden.

Mahlichs Aufgabe ist es nun, in einem persönlichen Gespräch Frohwein beizubringen, daß er seine Karriereträume beenden muß.

Mahlich will jedoch versuchen, Frohwein zu bewegen, in der Firma zu bleiben und in der Stabs-Abteilung künftig hervorragend mitzuarbeiten.

Ich werde nachfolgend wieder zwei Fassungen dieser ausgewählten Beispiele bringen:

Die erste Fassung ist konventionell, d. h. mit der *Sprache der Macht*, auf »Sieg« ausgerichtet.

In der zweiten Fassung steht das partnerorientierte Verhalten eines der Gesprächs-Partner im Vordergrund.

1. nicht-partnerorientierte Fassung

	Mahlich:
Sprache der Macht	»Herr Frohwein, wir haben uns ja schon öfter über Ihre Führungsschwächen unterhalten, zuletzt vor ca. zwei Monaten.
Negative Du-Aussagen	Ich wußte ja schon immer, daß Sie diese Schwäche nicht abstellen können, aber ich wollte Ihnen wenigstens die Chance geben. Nun, es hat nicht sollen sein. Gott sei Dank sind Sie ja ein prima Planer, sozusagen ein As. Ich habe deshalb mit der Geschäftsleitung ausgemacht, Sie in die Planungs-Abteilung, die unmittelbar dem Vorstand zuarbeitet, zu versetzen. Sie können gleich am Ersten dort anfangen.«
	Frohwein:
Aggression	»Damit bin ich aber gar nicht einverstanden. Schließlich kann man mich ja wenigstens mal fragen.«

	Mahlich:
Nicht stimmende Ausrede	»Das tue ich ja gerade.«
	Frohwein:
Aggression	»Mit Fragen hat das wenig zu tun. Die Sache ist doch sowieso schon beschlossen.«
	Mahlich:
Negative Du-Aussage	»Es blieb mir ja kaum etwas anderes übrig. Schließlich haben Sie sich ja trotz wiederholter Mahnungen nicht geändert.«
	Frohwein:
Aggression	»Ich bin durchaus der Meinung, daß ich mich geändert habe. Fragen Sie doch mal meine Mitarbeiter. Die sind ganz einverstanden mit meiner Art der Führung.«
	Mahlich:
Sprache der Macht	»Natürlich, schwache Vorgesetzte sind bequemer und deshalb beliebter. Sie sollten mir eigentlich dankbar sein, daß ich auf diese Lösung gekommen bin.«
	Frohwein:
Aggression	»Bin ich aber nicht. Für mich ist das

nicht akzeptabel. Ich will ja schließlich weiterkommen; und eine solche Stabsstelle bedeutet das Ende der Fahnenstange.«

Mahlich:

Sprache der Macht

»Ein ganz klein bißchen Selbsterkenntnis könnte eigentlich nicht schaden. Sie leisten jetzt Mittelmaß. In der Planungs-Abteilung wären Sie aber gut.«

Frohwein:

Aggression

»Ich weiß nicht, ob Ihre Meinung da so kompetent ist.«

Mahlich:

Sprache der Macht

»Kompetent oder nicht, ich halte die Entscheidung für gut und bitte Sie, sich danach zu richten.«

Frohwein:

»Sie gestatten, daß ich mir das noch überlege.«

Mahlich hat durchweg die *Sprache der Macht* angewendet und so das Selbstwertgefühl Frohweins arg strapaziert.

Mahlichs Gesprächsziele waren:

1. Frohwein klarzumachen, daß er das Ende seiner Karriere erreicht hat.

2. Frohwein zu motivieren, gern in die Stabs-Abteilung überzuwechseln.

Beide Ziele hat Mahlich nicht erreicht. Frohwein wird vermutlich versuchen, in eine andere Firma zu gehen – also kündigen.

Jetzt werde ich den Gesprächsverlauf schildern, wie er sich abspielt, wenn Mahlich sich partnerorientiert verhält.

2. partnerorientierte Fassung

– Mahlich verhält sich partnerorientiert –

	Mahlich:
Positive Eröffnung	»Guten Tag, Herr Frohwein. Ich freue mich, daß ich jetzt die Gelegenheit habe, mit Ihnen etwas Wichtiges zu besprechen.«
	Frohwein:
	»Guten Tag, Herr Mahlich. Da bin ich aber sehr gespannt.«
	Mahlich:
	»Jede Tätigkeit eines leitenden Mitarbeiters einer Firma spielt sich zumeist auf zwei Ebenen ab: auf der fachlichen Ebene und auf der Ebene der Führung, des Umgangs mit anderen. Sehen Sie das auch so?«

Frohwein:
»Ja, ja natürlich.«

Mahlich:

Partner-orientierte Frage

»Die fachliche Ebene ist bei Ihnen die Planung, nicht wahr?«

Frohwein:

Aggression

»Ja, das haben wir ja schon früher erörtert.«

Mahlich:

Kommt schnell und deutlich zur Sache

»Wir hatten auch schon wiederholt besprochen, daß Ihnen die zweite Ebene – die der Menschenführung – nicht so liegt wie die der Planung. Sie erinnern sich?«

Frohwein:

Immer noch aggressiv

»Sie haben es mir ja deutlich genug gesagt. Ich war und bin allerdings nicht ganz Ihrer Auffassung.«

Mahlich:

Partner-orientierte Frage

»Lassen Sie mich bitte eine Frage stellen: Auf welcher der beiden Ebenen arbeiten Sie lieber, der der Menschenführung oder der der Planung?«

	Frohwein:
Nicht mehr aggressiv	»Wenn Sie mich so fragen, auf der der Planung natürlich.«
	Mahlich:
Lob	»Weil Sie da besonders gut sind.«
	Frohwein:
Will nicht unbedingt nachgeben	»Deshalb macht es mir auch besonderen Spaß. Aber deswegen komme ich trotzdem mit meinen Mitarbeitern gut aus!«
	Mahlich:
Partner-orientierte Frage	»Wenn sich nun eine Gelegenheit bieten würde, vorwiegend oder ausschließlich auf dem Gebiet der Planung – und zwar auf einem besonders interessanten Gebiet der Planung – tätig zu sein, würde Sie das interessieren?«
	Frohwein:
	»Warum nicht? Wenn alles andere auch stimmt ...«
	Mahlich:
	»Es handelt sich um folgendes:
Partner-orientierte Argumentation und Lob	In der Planungs-Abteilung – unmittelbar beim Vorstand – wird eine Position frei. Sie soll mit einem Könner besetzt werden. Der Vorstand

und ich haben Sie dafür vorgesehen.«

Frohwein:
»Das klingt ja ganz gut. Aber wie ist es mit dem Geld und mit der schon lange fälligen Beförderung?«

Mahlich:

Partnerorientierte Argumentation

»Befördert werden Sie dabei nicht, da diese Abteilung keinen Abteilungsleiter und keinen Hauptabteilungsleiter über sich hat. Sie untersteht unmittelbar dem für die Unternehmensplanung zuständigen Vorstandsmitglied. Es sind ja auch nur drei Herren.«

Frohwein:
»Dann bin ich ja weniger als jetzt, nicht mal mehr Abteilungsleiter. Sie wollen mich wohl abschieben!«

Mahlich:

Ich-Aussage

»Es täte mir sehr leid, wenn Sie das Gefühl hätten, ›abgeschoben‹ zu werden. Ich meine, das Gegenteil ist der Fall. Und was den Abteilungsleiter betrifft, so meine ich informell, also vom Einfluß und vom Ansehen her entspricht diese Position mindestens der eines Hauptabteilungsleiters.

Auch geldlich sind durchaus Verbesserungen drin.«

Frohwein:

Ich-Aussage

»Also ehrlich gesagt, eine Tätigkeit in der Linie ist mir lieber!«

Mahlich:

Partner-orientierte Argumentation

»Entspricht aber eigentlich viel weniger Ihren Talenten und Neigungen. Unmittelbar beim Vorstand dagegen können Sie sich wirklich voll auf Ihrem ureigensten Gebiet entfalten!«

Frohwein:

»Was würde passieren, wenn ich nicht annehme?«

Mahlich:

Partner-orientierte Argumentation äußerst klar in der Sache, nichts beschönigend, nichts verschleiernd

»Das ist eine klare Frage, die eine klare Antwort verdient: Im Interesse der Firma und ihrer Mitarbeiter liegt es, jeden Arbeitsplatz möglichst optimal zu besetzen. Ihr jetziger Arbeitsplatz ist mit Ihnen – darüber waren wir uns ja schon früher einig – nicht optimal besetzt – wegen Ihrer geringeren Neigung zur Menschenführung.

Dafür gibt es Geeignetere. Und wir müssen und werden sehr schnell jemanden dafür finden.

Der Arbeitsplatz in der Planungs-Ab-

teilung wäre aber mit Ihnen wirklich optimal besetzt. Dafür brauchen wir ja Gott sei Dank niemanden zu suchen.
Wir werden an Ihrem jetzigen Arbeitsplatz also einen Wechsel vornehmen und hoffen sehr – aus menschlichen und geschäftlichen Gründen –, daß Sie sich für die für Sie und uns wirklich günstige Lösung entscheiden.«

Frohwein:

Hat keine große Möglichkeit mehr, noch dagegenzuhalten

»Bitte haben Sie Verständnis, wenn ich mir das überlegen und mit meiner Frau darüber sprechen möchte.«

Sie sehen, Frohwein hatte durch das partnerorientierte Verhalten Mahlichs wenig Möglichkeiten, scharf und aggressiv zu werden. Mahlich hielt die Beziehungsebene positiv und gewann so Frohwein für seinen Vorschlag. Es ist anzunehmen, daß sich Frohwein ohne große Vorbehalte für die neue Position entscheidet.

Es folgt nun ein weiteres Beispiel in zwei Fassungen.

Bei der ersten Fassung spricht der Vorgesetzte wieder mit der *Sprache der Macht* und besiegt den Gesprächs-Partner – mit vermutlich negativen Konsequenzen.
Bei der zweiten Fassung überzeugt der hierarchische Vorgesetzte seinen Gesprächs-Partner durch partnerorientiertes Verhalten.

Beispiel: Der Nicht-Beförderte

Beschreibung der Situation

Der Abteilungsleiter Fritz Hermann wurde aufgefordert, von seinen zwölf Leuten einen für die frei gewordene Abteilungsleiter-Position in einem anderen Zweig der Versicherungs-Gruppe vorzuschlagen.

Es ist in der Firma üblich, Leute einzustellen, die zu mehr befähigt sind als zu der Aufgabe, für die sie augenblicklich gebraucht werden. Und weil es der Firmenpolitik entspricht, Beförderungen nur aus den eigenen Reihen vorzunehmen, ist es notwendig, durch so eine »Vorratspolitik« dafür zu sorgen, daß auch immer genügend förderungswürdige Mitarbeiter da sind. Sie werden in Hermanns Abteilung »geparkt«.

Hermann hat Abitur, fing im Außendienst an und besuchte daneben einen zweijährigen Abendlehrgang mit dem Abschlußdiplom »Praktischer Betriebswirt«. Er ist seit fünf Jahren in der Firma und seit zwei Jahren Abteilungsleiter in der Schadensabteilung. Von seinen Leuten haben drei eine Beurteilung, die sie für die vorgesehene Beförderung in Frage kommen läßt.

1. *Max Steinhäuser* – ebenfalls mit Abitur und dem Betriebswirt-Diplom der gleichen Abendschule wie Hermann – ist seit drei Jahren in der Firma. Steinhäuser ist aufgeweckt, ziemlich selbstbewußt und arbeitet harmonisch mit den anderen zusammen.

Hermann kennt Steinhäuser gut und schätzt ihn. Steinhäuser macht in jeder Situation eine gute Figur und arbeitet zwanglos in der Gruppe. Allerdings scheint er nicht darauf aus zu sein, mit seinen Kollegen engere menschliche Beziehungen zu knüpfen, als dies für die Zusammenarbeit erforderlich ist.

2. *Oskar Kohler* hat mittlere Reife und ist sechs Jahre in der Firma. Kohler ist ein angenehmer Mitarbeiter mit gutem Charakter. Er hat ein herzliches Verhältnis zu den Kollegen – wird aber trotzdem von ihnen respektiert. Er besitzt eine starke Intelligenz und die Fähigkeit, Probleme durch ganz neue »Schliche« zu lösen.

3. *Carl Bomberg* hat das Abgangszeugnis einer Handelsschule und ist seit zwölf Jahren in der Firma. Er wird stets dafür eingesetzt, neu Eingestellte einzuarbeiten und trainierte seinerzeit auch Hermann und Steinhäuser. Außerdem vertritt er zur Zufriedenheit aller seinen Abteilungsleiter Hermann, wenn dieser abwesend ist. Die Leute mögen Bomberg und vertrauen ihm. Es fehlt ihm jedoch ein gewisser Schliff. Und außerdem macht er beim Sprechen Grammatikfehler. Er ist keineswegs ein problematischer Angestellter; aber zuweilen liebt er es, seine Meinung laut und deutlich zu verkünden.

Es ist in der Firma üblich, mit allen Mitarbeitern zu sprechen, die für eine Beförderung in Frage kommen, wenn so ein Fall ansteht. Deshalb will sich Hermann heute mit Bomberg unterhalten.

Hermann hat für die Abteilungsleiter-Position Steinhäuser vorgesehen.

Es gibt eine Quelle für Mißverständnisse in diesem Fall, weil Hermann annehmen muß, Bomberg rechne diesmal ernstlich damit, befördert zu werden.
Tatsächlich wird indessen Bomberg von gemischten Gefühlen beherrscht. Er meint, Kohler verdiene die Beförderung. Er – Bomberg – bleibt lieber bei seiner gegenwärtigen Tätigkeit, die er sehr liebt. Aber er ist absolut dagegen, daß Steinhäuser befördert wird, den er für einen »windigen Radfahrer« hält.

In der folgenden ersten Fassung verhält sich also Hermann wie üblich, d. h. er verwendet die *Sprache der Macht.*

Wir werden sehen, ob ihn das weiterbringt.

1. nicht-partnerorientierte Fassung

Hermann:

Sprache der Macht

»Herr Bomberg, ich möchte Sie gern davon in Kenntnis setzen, daß die neue Abteilungsleiterstelle mit Herrn Steinhäuser besetzt wird. Die Geschäftsleitung war mit meinem Vorschlag sofort einverstanden. Bitte sorgen Sie also dafür, daß Steinhäuser vor seinem Wechsel am Ersten seine Arbeiten ordnungsgemäß übergibt.«

	Bomberg:
Verstimmt, verletzt	»Ja wie – sollten wir darüber nicht erst einmal sprechen?«
	Hermann:
Scheinheilig	»Wieso? Es ist doch alles klar. Oder wollten Sie ...? Also das täte mir leid ...«
	Bomberg:
	»Ja – oder besser – nein. Aber der Kohler ist doch viel geeigneter.«
	Hermann:
Sprache der Macht	»Aber Herr Bomberg, das müssen Sie doch wirklich mir überlassen. Schließlich trage ich ja auch die Verantwortung.«

Bei diesem Gespräch kam Bomberg so gut wie nicht zu Wort. Seine Meinung war nicht gefragt. Seine Argumente konnte er nicht anbringen. Er war in seinem Selbstwertgefühl getroffen. Die Beziehungsebene war negativ aufgeladen.

Die *Sprache der Macht,* von Hermann angewendet, hat bewirkt, daß dieser zwar »gesiegt« hat, aber Bomberg wird sich in Zukunft vermutlich so verhalten, wie ich es auf S. 42 geschildert habe:
ungehorsam, nachlässig, rachsüchtig.

Nun dieselbe Gesprächssituation noch einmal. Doch diesmal verhält sich Hermann partnerorientiert.

2. partnerorientierte Fassung

– Hermann verhält sich partnerorientiert –

Hermann:
»Herr Bomberg, ich habe Sie zu mir gebeten, weil ich Sie über eine Entscheidung informieren möchte. Sie können sich wahrscheinlich denken, worum es sich handelt.«

Bomberg:
»Ja. Vermutlich geht es um die fällige Beförderung.«

Hermann:

Kein Monolog

»Ja. Sie wissen doch, daß wir in unserer Abteilung die Mitarbeiter beschäftigen – sozusagen »parken« –,

Gibt das Gespräch an Bomberg ab

die für höhere Aufgaben in der Firma vorgesehen sind. Welche sind das im Augenblick?«

Bomberg:
»Steinhäuser, Kohler und – äh – ich.«

Hermann:

Kommt schnell und deutlich zur Sache

»Richtig. Die neue Abteilungsleiterstelle gehört zum Außendienst. Deswegen halte ich Steinhäuser dafür für besonders geeignet.«

Bomberg:
»Steinhäuer? Dieser Radfahrer?«

Partner-orientierte Frage

Hermann:
»Hoppla, wie kommen Sie denn zu dieser Meinung?«

Aggression

Bomberg:
»Na ja, er versucht doch immer, Ihnen nach dem Mund zu reden. Dauernd ist er um Sie herum. Schließlich war er ja auch auf derselben Abendschule wie Sie.«

Ich-Aussage
Achtung vor der Meinung Bombergs

Hermann:
»Ich bin etwas beunruhigt, daß Sie diesen Eindruck haben. Ich halte das für ungerecht. Steinhäuser und ich sind von der Abendschule her befreundet und kommen auch privat öfter zusammen. Dadurch konnte vielleicht der Eindruck, den Sie von ihm haben, entstehen.«

Aggression, aber schon gedämpfter

Bomberg:
»Wenn ich das gewußt hätte, hätte ich natürlich nichts gesagt.«

	Hermann:
Ich-Aussage Partner- orientierte Frage	»Ich bin froh, daß Sie es gesagt haben. Dadurch können wir die Sache ja richtigstellen. Haben Sie den Eindruck, daß ich ihn bevorzugt habe?«
	Bomberg:
Wird sachlich	»Bisher nicht. Aber jetzt – ich weiß nicht. Da gibt es doch andere, die mindestens so geeignet sind für die neue Abteilungsleiterstelle.«
	Hermann:
	»Wir wollen mal überlegen: Es ist eine Außendienststelle. Dafür interessieren Sie sich doch nicht – oder doch?«
	Bomberg:
Aggression	»Na, ich weiß nicht. Eigentlich schon. Schließlich bin ich schon so lange hier in der Abteilung, daß man auch mal an mich denken könnte.«
	Hermann:
Partner- orientierte Argumentation	»Nun, ich habe mir das natürlich überlegt. An Sie habe ich dabei am wenigsten gedacht. Ich hatte immer den Eindruck, daß Sie sich als mein Vertreter und als Ausbilder der Neuen recht wohl fühlen. Ich mich übrigens auch; denn ich könnte mir kei-

	nen besseren als Sie dafür vorstellen.
Partner-orientierte Fragen	Habe ich mich geirrt? Hatten Sie wirklich Interesse?«
	Bomberg:
Sagt, was ihn stört	»Gott, man wird ja schließlich nicht gern übergangen. So'n bißchen habe ich schon damit gerechnet.«
	Hermann:
Ich-Aussage	»Das tut mir leid. Ich wollte Sie bestimmt nicht übergehen.
Partner-orientierte Argumentation – in aller Offenheit, aber nicht verletzend	Aber es gibt bestimmt Abteilungsleiterstellen, für die Sie geeigneter sind als diese, und die Ihnen mehr Spaß machen würden. Außendienst, also enger Umgang mit Kunden, ist nicht unbedingt Ihre starke Seite. Dafür sind Sie zu geradeheraus, tragen zu sehr Ihr Herz auf der Zunge. Das wissen wir im Innendienst durchaus zu schätzen. Ob es aber bei Kunden immer gut ankommt, wage ich zu bezweifeln.«
	Bomberg:
Lenkt ein	»Na ja, so schlimm ist es ja wohl nicht.«

Hermann:

Fundiertes Versprechen

»Sie können sich darauf verlassen, daß Sie die nächste frei werdende – für Sie geeignete – Abteilungsleiter-Position bekommen – wenn – ja, wenn Sie sie überhaupt wollen.«

Bomberg:

Ich-Aussage
Gibt zu, daß er eigentlich gar nicht will
Sagt jetzt, was er wirklich will

»Ich bin ja recht gern hier. Und die Aufgaben machen mir wirklich Spaß. Wir können ja noch mal drüber reden.
Aber Steinhäuser ist doch sicherlich nicht geeignet! Da schlage ich viel eher Kohler vor.«

Hermann:

Nimmt Meinung von Bomberg ernst
Partner-orientierte Argumente

»Kohler ist bestimmt gut und clever. Er wird ganz sicher seinen Weg machen. Für ihn stelle ich mir eine Position vor, bei der er nicht so viel repräsentieren und nach außen wirken muß – das kann Steinhäuser besser –, sondern bei der er Probleme lösen muß, die wirklich kreatives Denken erfordern.«

Bomberg:

Wird wegen Kohler wieder aggressiv

»Ich weiß nicht. Ich finde, Sie können an Kohler nicht einfach vorbeigehen. Und überhaupt – warum fragen Sie mich eigentlich, wenn doch schon alles entschieden ist?«

Hermann:

Partner-orientierte Argumentation – d. h., ohne Bomberg zu verletzen

»Ich wollte Sie nicht fragen, sondern Sie nur informieren. Fragen war deswegen nicht möglich, weil Sie ja als einer der Kandidaten Partei sind. Sie wissen ja, daß ich sonst mit Ihnen als meinem Vertreter immer alles bespreche.

Bestätigung von Bombergs Meinung

Ich fasse nochmal zusammen: Steinhäuser bekommt die neue Abteilungsleiterstelle, weil er nach meiner Ansicht von Ihnen dreien die beste Außendiensteignung mitbringt. Kohler wird ohnehin bei der nächsten Beförderung berücksichtigt – soweit die Stelle seinen Neigungen und er dem Anforderungsprofil entspricht.

Geht auf Bombergs Problem ein

Und Sie selbstverständlich genauso, falls Sie wollen. Vielleicht sollten wir uns recht bald mal über einen möglichen Ausbau Ihrer Tätigkeit hier in unserer Abteilung unterhalten.«

Bomberg:

Lenkt ein

»Ich teile zwar Ihre Beurteilung Steinhäusers im Hinblick auf seine Außendiensteignung nicht ganz, sehe aber ein, daß die Entscheidung von Ihrem Standpunkt aus korrekt war.«

Hier sehen Sie wieder ganz deutlich:
Hermann gewinnt den widerstrebenden Bomberg

durch partnerorientierte Führung des Gespräches, vor allem durch Ich-Aussagen. Bomberg ist zwar nicht einverstanden, ist aber auch nicht verletzt. Deshalb trägt er die Entscheidung seines Chefs mit.

Das waren Gesprächsbeispiele zwischen Vorgesetzten und Mitarbeitern, die deutlich folgendes gezeigt haben:

- Gespräche, die vom Vorgesetzten mit der *Sprache der Macht* geführt werden, führen nicht (oder selten) zu einem für beide befriedigenden Ende.

- Verhält sich der Vorgesetzte partnerorientiert, dann enden die Gespräche (in den meisten Fällen) für beide Partner befriedigend, wobei der Vorgesetzte seine Meinung durchsetzt.

Gespräche zwischen gleichberechtigten Partnern

Ich komme zu zwei weiteren Beispielen, bei denen jetzt aber beide Gesprächs-Partner gleichberechtigt sind.

Wiederum gibt es von jedem Beispiel zwei Fassungen, wobei die erste Fassung konventionell ist – also unter Anwendung der *Sprache der Macht* (in diesem Fall von beiden Partnern).
In der zweiten Fassung verhält sich ein Gesprächs-Partner partnerorientiert, der andere wendet die *Sprache der Macht* an.

Beispiel: Überstunden

Beschreibung der Situation

In einem Werk wird Kurzarbeit gefahren, die voraussichtlich noch längere Zeit andauern wird. Ein überraschend hereingenommener Auftrag soll in möglichst kurzer Frist ausgeführt werden. Das bedeutet für *einen* Betrieb des Werkes Umstellung von Kurzarbeit auf volle Arbeitszeit mit Überstunden. Die drei übrigen Betriebe arbeiten weiterhin kurz.
Es kommt nur dieser eine Betrieb für den Auftrag in Frage.

Die *Werksleitung* ist froh über den Auftrag: Er gibt Auftrieb und verbessert die Kostensituation. Die Leitung will also unter allen Umständen erreichen, daß der Betriebsrat der Mehrarbeit in dieser zwiespältigen Beschäftigungssituation zustimmt.

Der *Betriebsrat* will erreichen, daß nicht immer dieselben Mitarbeiter – denn der für die Mehrarbeit vorgesehene Betrieb muß nicht zum ersten Mal in einer Kurzarbeitsphase mehr tun – den Nutzen haben. Der Betriebsrat schlägt daher ein rollierendes Beschäftigungssystem innerhalb des Werks vor.

Für die *Werksleitung* ist die Situation deshalb problematisch, weil der Zeitfaktor eine große Rolle spielt und der Betriebsrat in dieser Lage den längeren Atem hat (d. h. die Anrufung der Einigungsstelle viel zu lange dauern würde). Außerdem stehen Verhandlungen mit der Gewerkschaft an, die ein Disput mit dem Betriebsrat womöglich belasten würde.

Doch auch der *Betriebsrat* ist nicht frei von Zwängen. Er möchte, daß die Belegschaft beschäftigt ist. Er kann sich auch vorstellen, daß ein laufender Austausch von Mitarbeitern in einem Betrieb, der sonst mit einer vorzüglich eingefahrenen Mannschaft arbeitet, nicht gut funktionieren kann. Er muß, um sein Gesicht zu wahren, eine sachfremde Vergünstigung zu erreichen versuchen (z. B. Aufschlag auf das Kurzarbeitergeld bei der restlichen Belegschaft für die Zeit des Auftragslaufes oder Verbesserung der Kantinenverhältnisse).

1. nicht-partnerorientierte Fassung

	Werksleiter:
Will vollendete Tatsachen schaffen Geht auf Interessen des Partners überhaupt nicht ein	»Ich habe Ihnen etwas Erfreuliches mitzuteilen: Wir haben für unseren Betrieb 1 einen größeren Auftrag erhalten. Der Liefertermin ist sehr kurz. Deswegen müssen wir unbedingt Überstunden machen. Ich hoffe, Sie werden Ihre Kollegen davon überzeugen.«
	Betriebsrat:
Setzt seinen Standpunkt dagegen	»Ich halte das den anderen Betrieben gegenüber für sehr ungerecht. Es wäre jetzt – glaube ich – das dritte

Mal, daß Betrieb 1 während einer Kurzarbeitsphase voll arbeitet. Und jetzt sollen sogar Überstunden gefahren werden. Das kann ich gegenüber den Kollegen in den anderen Betrieben nicht verantworten!«

Werksleiter:

Sprache der Macht

»Wieso verantworten. Wir brauchen den Auftrag dringend. Er ist gut kalkuliert und bringt Gewinn.«

Betriebsrat:

Sprache der Macht

»Ich habe nichts gegen den Auftrag. Aber so geht es nicht. Die Kollegen in den anderen Betrieben müssen auch etwas davon haben. Sie müssen einen Aufschlag auf das Kurzarbeitergeld erhalten.«

Werksleiter:

Sprache der Macht

»Blödsinn. Dann bleibt uns ja von dem Auftrag fast nichts mehr übrig. Nein, mein Lieber, Sie müssen Ihre Kollegen davon überzeugen, ob Sie wollen oder nicht.«

Betriebsrat:

Sprache der Macht

»Ich denke gar nicht daran. Außerdem könnte ich es nicht, weil es so einfach nicht geht!«

Werksleiter:

Sprache der Macht

»Also lassen Sie uns doch mal Deutsch reden:
Wir haben einen guten Auftrag, und Sie wollen ihn kaputtmachen.«

Betriebsrat:

Sprache der Macht

»Wer sagt denn das? Sie sind es doch, der den Auftrag kaputtmacht, weil Sie nicht einsehen wollen, daß alle Kollegen daran beteiligt werden müssen.«

Werksleiter:

Sprache der Macht

»Ich weiß nicht, aber ich glaube, Sie und der ganze Betriebsrat sähen schlecht aus, wenn ich bekanntgäbe, wir hätten einen guten Auftrag, aber der Betriebsrat wolle ihn lieber in einen schlechten Auftrag verwandeln – einen Auftrag, an dem nichts mehr verdient wird.«

Betriebsrat:

Sprache der Macht

»Das ist eine ganz gemeine Erpressung. Damit kommen Sie nicht durch. Auf jeden Fall werden wir erst einmal die Einigungsstelle anrufen.
Dann können Sie ja mal sehen, ob Sie Ihren Termin halten können.«

Werksleiter:

Sprache der Macht

»Das sollten Sie sich lieber noch mal überlegen.«

Dieses Gespräch führt zu nichts. Die Fronten sind aufgebaut und unverrückbar starr. Beide Partner verwenden die *Sprache der Macht.* Beide wollen ihre Absicht durchsetzen. Dadurch entsteht ein Konflikt, der nur durch Kompromisse (da keiner einseitig nachgeben wird) gelöst werden kann.

Ehe wir die zweite Fassung dieses Beispiels ansehen, möchte ich Ihnen die Technik der partnerorientierten Konfliktregelung nahebringen.

5 Partnerorientierte Konfliktregelung

Einsichtsvoll finden wir
immer nur Menschen,
die unsere Meinung teilen.

(La Rochefoucauld)

Konfliktregelungs-Gespräche haben zwei Seiten:

1. Die Form, in der sie stattfinden.

2. Die Lösung, die den Konflikt regeln soll.

Zu 1. Bei der Form ist das partnerorientierte Verhalten wenigstens einer Konfliktpartei oder des Konfliktreglers* besonders notwendig. Wird in der *Sprache der Macht* verhandelt, bricht der Konflikt auch während der Konfliktregelung wieder aus, und es gibt kein Ergebnis.

Zu 2. Die Lösung des Konfliktes sollte insofern partnerorientiert sein, als beide Konfliktparteien mit ihr einigermaßen zufrieden sein sollten. Hier kann also das partnerorientierte Verhalten auch im Kompromiß bestehen.

1. Negativ-Beispiel:

Zwei Mitarbeiter streiten sich darüber, in wessen Kompetenz ein bestimmter, immer wiederkehrender Vorgang gehört. Der Chef entscheidet zugunsten des einen Mitarbeiters, ohne dem anderen die Chance für seine Begründung zu geben. Oder er wischt dessen Begründung einfach vom Tisch. (Beide Male: *Sprache der Macht)*

* Konfliktregler ist derjenige, der als »Neutraler« den Konflikt zwischen anderen zu regeln versucht.

2. Negativ-Beispiel:

Der Schwager des Chefs wird Abteilungsleiter, ohne die fachlichen und menschlichen Voraussetzungen für diese Aufgabe mitzubringen. Dadurch gibt es innerhalb der Abteilung und mit den Abteilungsleiter-Kollegen laufend Schwierigkeiten. Der Chef deckt seinen Schwager und denkt nicht daran, den Zustand zu ändern.

Beim ersten Beispiel ist der Konflikt nicht behoben worden, sondern es wurde eine einseitige Entscheidung getroffen, die den benachteiligten Mitarbeiter noch zusätzlich verletzt, ohne daß die Ursache des Konfliktes beseitigt wurde. Es bleibt ein Dauerkonflikt bestehen.

Beim zweiten Beispiel war die Ursache zwar bekannt, aber sie wurde nicht beseitigt, so daß auch dieser Konflikt ein Dauerbrenner bleibt, der alle Beteiligten laufend streßt.

Konfliktregelung zwischen gleichberechtigten Partnern

Beispiel: Überstunden

2. partnerorientierte Fassung

– Werksleiter verhält sich partnerorientiert –

	Werksleiter: »Ich habe Sie hierher gebeten, weil ich eine erfreuliche Nachricht habe: Wir haben einen großen Auftrag für unseren Betrieb 1. Er ist aber sehr kurzfristig terminiert.
Partner- orientierte Frage	Meinen Sie, daß Sie bei Ihren Kollegen vom Betriebsrat Überstunden durchsetzen können?«
	Betriebsrat: »Der Auftrag freut mich natürlich.
Ablehnung	Aber Überstunden? Das halte ich für ausgeschlossen!«
	Werksleiter:
Partner- orientierte Frage	»Was schlagen Sie denn vor?«
	Betriebsrat:
Vorschlag	»Die Kollegen in den anderen Betrieben erhalten für die Dauer des Auftragslaufes einen Aufschlag auf ihr Kurzarbeitergeld.«
	Werksleiter:
Ablehnung	»Wissen Sie, so gut ist der Auftrag nun auch nicht kalkuliert. Wenn wir das machen, bleibt für die Firma kaum was übrig.«

Betriebsrat:
»Sie wissen ja, daß der Betrieb 1 schon einige Male solche Vergünstigungen während früherer Kurzarbeitsphasen hatte.«

Nimmt die Meinung des Betriebrates ernst

Werksleiter:
»Ja, natürlich. Das ist irgendwie ungerecht gegenüber den Mitarbeitern in den anderen Betrieben.«

Durch partnerorientiertes Verhalten des Werksleiters ohne Aggression

Betriebsrat:
»Ja, Sie sagen es. Damit kann ich nicht mehr kommen.«

Konfliktregelung:
1. Schritt: Anmeldung der Störungen
und
2. Schritt: Aufdecken der Ursachen

Werksleiter:
»Wir liegen also mit unseren Interessen weit auseinander.
Lassen Sie uns doch mal die Ursachen analysieren:
Ich möchte den Auftrag möglichst günstig und schnell abwickeln.
Sie möchten dafür sorgen, daß keine ungleichmäßige und damit ungerechte Behandlung unserer Mitarbeiter erfolgt, nicht wahr?«

Betriebsrat:
»Ja, so ist es. Was schlagen Sie vor? Wie können wir zusammen kommen?«

Werksleiter:
»Wir beide sollten uns Vorschläge überlegen – einfach so – nur aufschreiben, ohne zunächst drüber zu reden.«

Konflikt-regelung: 3. Schritt: Lösungsvorschläge machen (Brainstorming)

Betriebsrat:
»Wir tauschen Mitarbeiter zwischen den Betrieben aus. Ein ›rollierendes System‹ sozusagen.«

Werksleiter:
»Oder wir verbessern – zum Ausgleich – die Kantinenverhältnisse erheblich.«

Betriebsrat:
»Oder die Betriebe 2 bis 4 bekommen drei Tage Sonderurlaub.«

Werksleiter:
»Wollen doch mal sehen: Was haben wir bis jetzt?

1. Aufschlag auf das Kurzarbeitergeld.

2. Mitarbeiteraustausch = ›rollierendes System‹.
3. Verbesserung der Kantinenverhältnisse.
4. Drei Tage Sonderurlaub.

Da fällt mir noch was ein:
5. Die Mitarbeiter von Betrieb 1 verzichten auf ihre Überstundenzuschläge. Diese werden als Aufschlag auf das Kurzarbeitergeld der anderen verwendet.

Konflikt-regelung: 4. Schritt: Herausfinden der besten Lösung (Kompromiß)

Wir gehen die Vorschläge jetzt der Reihe nach durch, und jeder sagt, was er bei jedem einzelnen Vorschlag empfindet – wie also der Vorschlag auf ihn wirkt. Dadurch vermeiden wir gegenseitige Vorwürfe.

Vorschlag 1:
Aufschlag auf das Kurzarbeitergeld:
Ich fürchte, daß – je nach Höhe dieses Aufschlags – der Gewinn aufgezehrt wird.«

Betriebsrat:
»Ich finde diesen Vorschlag gut.
Ich hätte dabei ein gutes Gewissen gegenüber den Kollegen.«

Werksleiter:
»Vorschlag 2:
Mitarbeiteraustausch = ›rollierendes System‹:
Ich bin ziemlich sicher, daß dadurch die Qualität der Arbeit leidet. Die Mitarbeiter im Betrieb 1 sind prima aufeinander eingespielt. Fremde würden da stören.«

Betriebsrat:
»Ich könnte mir durchaus vorstellen, daß es mit einem Teil der Mitarbeiter ginge. Vorbereitende und kontrollierende Arbeiten sind doch in allen Betrieben ganz ähnlich. Allerdings würde dieser Vorschlag für uns dann nicht ausreichend sein, weil er nicht alle Mitarbeiter einbezieht.«

Werksleiter:
»Vorschlag 3:
Erhebliche Verbesserung der Kantinenverhältnisse, wobei man auch über eine Erhöhung des Zuschusses zum Essensgeld reden könnte:
Wir würden uns dabei nach den schon früher vom Betriebsrat eingebrachten Vorschlägen richten.
Ich halte das für durchaus machbar.«

Betriebsrat:
»Mir scheint dieser Vorschlag etwas ungerecht gegenüber den Kollegen in den Betrieben 2 bis 4. Die Kollegen von 1 hätten dann Vollarbeit, Überstunden und Verbesserung der Kantinenverhältnisse. Da müßte noch was dazu kommen.«

Werksleiter:
»Vorschlag 4:
Drei Tage Sonderurlaub für die Mitarbeiter in 2 bis 4:
Ich fürchte, das ist ziemlich teuer.«

Betriebsrat:
»Ich halte den Vorschlag für machbar. Dieser Sonderurlaub fällt ja in die Kurzarbeit – ist also nicht so teuer. Außerdem könnten die Kollegen in der Zeit zusätzlich verdienen bzw. durch Arbeiten zu Hause Geld sparen.«

Werksleiter:
»Vorschlag 5:
Die Überstundenzuschläge von Betrieb 1 werden als Kurzarbeitsaufschläge an die Betriebe 2 bis 4 verteilt:
Ich halte das für besonders gerecht.«

Betriebsrat:
»Wäre es auch, wenn nicht rechtliche Bedenken bestehen würden. Ich glaube auch nicht, daß die Kollegen von Betrieb 1 das mitmachen würden.«

Werksleiter:
»Wir wollen jetzt mal eine Zwischenbilanz ziehen:

Vorschlag 1:	Ich: dagegen Sie: dafür
Vorschlag 2:	Ich: dagegen Sie: bedingt dafür
Vorschlag 3:	Ich: dafür Sie: bedingt dafür
Vorschlag 4:	Ich: bedingt dafür Sie: dafür
Vorschlag 5:	Ich: dafür Sie: dagegen

Bei den Vorschlägen 3 und 4 besteht eine gewisse Übereinstimmung. Wir wollen uns doch mal darauf konzentrieren.«

Ich glaube, wir können das Beispiel hier beenden. Die beiden Partner haben durch Kombinieren der Vorschläge 3 und 4 einen tragbaren Kompromiß gefunden.

Deutlich wurde auch, daß der Werksleiter sich an die vier Regeln des partnerorientierten Verhaltens (S. 94) gehalten hat:

Er hat partnerorientiert zugehört. Das äußerte sich dadurch, daß er die Meinung seines Gesprächs-Partners ernst nahm.

Er hat ausschließlich umkehrbare Äußerungen gemacht, d. h. er sagte nichts, was das Selbstwertgefühl des Gesprächs-Partners hätte verletzen können.

Er hat nur partnerorientierte Fragen gestellt, also Fragen, die das Selbstwertgefühl des Gesprächs-Partners nicht verletzten.

Er ist schnell und deutlich zur Sache gekommen, weil durch Befolgen der 2. Regel: »Umkehrbar formulieren« keine Aggressionen des Betriebsrates zu erwarten waren.

Durch konsequente Anwendung dieser Regeln des partnerorientierten Verhaltens ist es dem Werksleiter gelungen, Aggressionen seines Gesprächs-Partners immer wieder abzubauen und dadurch das Gespräch zu einem positiven Ende zu bringen.

Da es sich beim Inhalt des Gespräches um einen Konflikt handelte, hat der partnerorientierte Werksleiter bestimmte Schritte eingeleitet und ausgeführt, die der Konfliktlösung dienten.

Es folgt die systematische Darlegung dieser Schritte in einem Konfliktregelungs-Schema.

Konfliktregelungs-Schema

1. Schritt: Jede der Konfliktparteien sagt, was sie am Verhalten des anderen stört. Wenn sich nur eine der beiden Parteien gestört fühlt, dann meldet nur diese ihre Störung an.

   In unserem Beispiel sagt der Betriebsrat: »Überstunden halte ich für ausgeschlossen.«

2. Schritt: Die im ersten Schritt angemeldeten Störungen sind meistens nicht die wahren Ursachen des Konfliktes.
   Diese muß man kennen; denn nur die Beseitigung der Ursachen kann den Konflikt lösen.

   In unserem Beispiel analysiert der Werksleiter die Ursachen. Er möchte den Auftrag möglichst kostengünstig und schnell abwickeln.
   Der Betriebsrat wiederum möchte erreichen, daß keine ungleiche Behandlung der Mitarbeiter in den verschiedenen Betrieben erfolgt.

Die Ursache des Konfliktes liegt also in der unterschiedlichen Auffassung über die Abwicklung des Auftrags. (Vorsicht: Die Konfliktursachen sind nicht überall so einfach zu analysieren wie in diesem Beispiel. Wir werden noch Beispiele kennenlernen, bei denen die Ursachen viel schwerer festzustellen sind.)

3. Schritt: Beide Parteien machen Vorschläge, wie man die Ursachen beseitigen könnte, bzw. wie durch einen Kompromiß eine Annäherung der Standpunkte zu erreichen ist.
Dabei sollen sich möglichst beide (oder alle) Beteiligten am Aufspüren von Lösungsmöglichkeiten beteiligen. Es ist eine Art »Brainstorming«. Jeder kann sich äußern, ohne daß die einzelnen Vorschläge diskutiert werden.
In unserem Beispiel wurden fünf Vorschläge eingebracht. Beide Partner haben sich daran beteiligt.

4. Schritt: Die Partner überlegen gemeinsam, welche Lösungsvorschläge die Konfliktursachen möglichst weitgehend beseitigen. Mit anderen Worten: Sie suchen einen tragbaren Kompromiß.

In unserem Beispiel boten sich die Vorschläge drei und vier an, bzw. eine Kombination aus beiden.

5. Schritt: Nach einer bestimmten Frist (je nach Sachlage) wird kontrolliert, ob die gefundene Lösung wirklich tragfähig ist oder ob nach einer neuen Lösung gesucht werden muß.

In unserem Beispiel ist das nicht möglich und nicht nötig, da die Konfliktursache nur eine fest begrenzte Zeit – bis zur Beendigung des Auftrags – besteht.

Es folgen nun zwei weitere Fassungen eines Konfliktlösungs-Gespräches zwischen gleichberechtigten Partnern.

Beispiel: Das Positions-Roulette

Beschreibung der Situation

A-Pharma hat B-Pharma aufgekauft. In beiden Firmen war bisher ein Mitarbeiter jeweils für die Leitung des Außendienstes und der Schulung zuständig. Bei A-Pharma war dies Herr Daniel, bei B-Pharma Herr Lux.

Durch die Fusion hat sich die Kopfstärke des Außendienstes verdoppelt – auf nunmehr 120 Mitarbeiter (beiderlei Geschlechts). Die können nicht mehr von nur einem einzigen Mann betreut und geschult werden. Besonders der Schulung soll im kommenden Jahr erhöhte Bedeutung zufallen, da die bisher getrennten Außendienste jeweils auf die Präparate der bisherigen Konkurrenz umgeschult werden müssen.

Da sowohl Herr Daniel als auch Herr Lux als sehr tüchtig gelten, hat die Geschäftsleitung beschlossen, beide Herren zu behalten. Einer von ihnen soll künftig den Außendienst leiten, der andere die Schulung durchführen.

Der zuständige Direktor in der Zentrale ist der Meinung, man sollte in diesem Fall nicht am grünen Tisch entscheiden. Er hat deshalb angeordnet, daß sich beide Herren zu einem Gespräch zusammensetzen und sich darüber einigen, wer in Zukunft welche Funktion übernehmen wird.

Daniel hat Lux angerufen und ihm vorgeschlagen, sich an einem neutralen Ort zu treffen.

Beide Herren wollen gern die Leitung des Außendienstes übernehmen.

1. nicht-partnerorientierte Fassung

Daniel:
»Schön, Sie mal wieder zu treffen, Herr Lux. Sonst waren wir immer in gegensätzlichen Lagern; heute sind wir im selben.

Sprache der Macht

Also: Unsere gemeinsame Geschäftsleitung hat ja beschlossen, Sie zu behalten. Sie waren in Ihrer alten Firma für Schulung und Leitung des Außendienstes zuständig, so wie ich in meiner Firma.
Da bietet es sich ja förmlich an, daß Sie in Zukunft bei unserem gemeinsamen Außendienst die Schulung übernehmen und ich die Außendienstleitung. Ich bin überzeugt davon, daß wir prima zusammenarbeiten werden.«

Lux:
»Aber Herr Daniel, Sie wollen mich doch wohl nicht überfahren?

Sprache der Macht

Bitte, ich möchte Ihnen nicht zu nahe treten, aber mich interessiert die Position des Außendienstleiters viel mehr!«

	Daniel:
Sprache der Macht	»Nun, ich weiß nicht, schließlich haben wir ja Ihre Firma übernommen, und da ist es doch eigentlich klar, daß ich …«
	Lux:
Sprache der Macht	»Daß Sie was?«
	Daniel:
	»Daß ich das fortsetze, was ich bisher gemacht habe.«
	Lux:
Aggression	»Sie haben bisher – genau wie ich – beides gemacht – Vertriebsleitung und Schulung!«
	Daniel:
Nimmt Äußerung von Lux nicht ernst	»Jedenfalls weiß ich aus vielen Kundengesprächen, daß Sie in der Schulung besonders gut sind. Und das wollen wir ausnutzen.«
	Lux:
Sprache der Macht	»Waren Sie als Schulungsleiter bisher etwa schlecht? Sie sind doch mindestens genauso gut gewesen wie ich. Und wieso wollen Sie überhaupt bestimmen, was ich in Zukunft mache?«

Daniel:
Sprache der Macht

»Also, das müßten Sie doch eigentlich einsehen, daß ich als Mitarbeiter der übernehmenden Firma gewisse Vorrechte habe ...«

Lux:
Sprache der Macht

»Wieso? Meine Firma ist ja nicht wegen meiner Person verkauft worden. Ich kann mein Geld überall verdienen!«

Daniel:
Sprache der Macht

»Aber seien Sie doch nicht so stur. Ihre Produkte sind viel komplizierter als unsere. Da ist die Schulung unserer bisherigen Außendienstmitarbeiter besonders wichtig. Und von Ihren Produkten verstehen Sie doch bestimmt viel mehr als ich.«

Lux:
Sprache der Macht

»Also, wie ist es? Sie wollen Verkaufsleiter werden. Ist das Ihr letztes Wort?«

Daniel:
»Also, ja. Nur ...«

Sprache der Macht

Lux:
»Und mein letztes Wort ist es auch. Da müssen wir wohl unsere gemeinsame Geschäftsleitung entscheiden lassen.«

Daniel:
»Ich weiß nicht – aber Sie legen doch bestimmt auch Wert auf eine gute Zusammenarbeit zwischen uns.«

Lux:
»Ja, natürlich. Deshalb halte ich es für besser, wenn wir uns nicht weiter streiten.«

Sie sehen, daß es zu keinem Ergebnis kommt, wenn beide gleichberechtigten Partner die *Sprache der Macht* sprechen.

Das Gespräch hätte sich natürlich auch so entwickeln können, daß einer, z. B. Daniel, gesiegt hätte. Aber um welchen Preis?
Lux hätte ihm in Zukunft mit Sicherheit das Leben schwer gemacht, bzw. danach getrachtet, ihm irgendwann – bei günstiger Gelegenheit – ein Bein zu stellen.

Jetzt dieselbe Situation noch einmal. Diesmal verhält sich Daniel partnerorientiert.

2. partnerorientierte Fassung

– Daniel verhält sich partnerorientiert –

	Daniel:
Schafft gute Atmosphäre	»Willkommen, Herr Lux. Es ist schön, sich unter solchen Umständen wiederzusehen. Früher haben wir gegeneinander ›gekämpft‹ – im guten Sinne natürlich. Heute sitzen wir im selben Boot.«
	Lux:
	»Guten Tag, Herr Daniel. Ich freue mich auch. Allerdings wäre es mir lieber gewesen, meine Firma hätte Ihre übernommen.« (Beide lachen)
	Daniel:
Kommt schnell und deutlich zur Sache	»Das wollen wir gleich ein für allemal klarstellen: Wir sitzen uns hier völlig gleichberechtigt als Kollegen gegenüber. Welche Firma welche übernommen hat, spielt überhaupt keine Rolle.«
	Lux:
	»Psychologisch ist da aber doch eine Sperre.«

Daniel:

Kommt zur Sache

»Die werden Sie ganz schnell überwinden, wenn ich Ihnen folgendes sage:
Unsere Geschäftsleitung hat mich beauftragt, mit Ihnen zu sprechen.
Unser gemeinsamer Außendienst ist jetzt so groß, daß es für einen Mann nicht mehr möglich ist, Verkauf und Schulung gleichzeitig zu leiten. Sie haben bisher beides gemacht. Ich habe bisher beides gemacht. Wir sollen uns nun absprechen, wer in Zukunft die Schulung und wer die Verkaufsleitung übernimmt. Selbstverständlich sind beide Positionen gleichberechtigt und erfordern kollegiale Zusammenarbeit.
Frage: Welche Aufgabe reizt Sie mehr?«

Lux:

Antwortet durchaus nicht im Sinne von Daniel

»Ganz entschieden die Verkaufsleitung. Ich bin ein Vollblut-Außendienstmann.«

	Daniel:
Reagiert positiv Nimmt Meinung von Lux ernst 1. Schritt: Anmeldung der Störung	»Das ist Pech. Ich nämlich auch. Was machen wir nun? Gibt es für Sie irgend etwas, was Ihnen die so wichtige Position des Schulungsleiters attraktiver machen könnte?«
	Lux:
Beharrt auf seinem Willen	»Ich glaube nicht. Ich habe die Schulung immer als notwendige – aber ungeliebte – Beigabe der Verkaufsleitung betrachtet.«
	Daniel:
Partner-orientierte Argumentation – umkehrbar	»Aber in unserer augenblicklichen Situation hat die Schulung eigentlich überragende Bedeutung. Der ehemalige Außendienst der A-Pharma kennt die Produkte der B-Pharma nicht – und umgekehrt. Nun sind die Produkte von B-Pharma zahlreicher als die von A-Pharma und zum größten Teil auch erklärungsbedürftiger. Und Sie verstehen ja naturgemäß mehr von den B-Pharma-Produkten.«

Lux:

Beharrt auf seinem Willen – aber nicht aggressiv

»Ich weiß nicht, ob das wirklich so ist. Schließlich werden ja eine ganze Reihe unrentabler B-Pharma-Produkte gestrichen werden.«

Daniel:

2. Schritt Herausfinden der Ursachen

»Ich glaube, es hat keinen Zweck, wenn wir uns gegenseitig die Position des Schulungsleiters anpreisen. Wir wissen beide, daß sie wichtig ist und daß ein Außendienstleiter ohne eine gut geschulte Mannschaft aufgeschmissen ist.
Was reizt Sie besonders an der Position des Verkaufsleiters?«

Lux:

»Die relative Freiheit. Die Möglichkeit, mit interessanten Menschen umzugehen und ständig neue kennenzulernen. Dauernd vor neuen, kniffeligen Situationen zu stehen, die gemeistert werden müssen.«

Daniel:

»Da geht es mir ähnlich.

3. Schritt: Lösungssuche

Lassen Sie uns doch einmal überlegen, wie wir eine Lösung finden können, die uns beiden einigermaßen entgegenkommt – ein Kompromiß sozusagen. Fällt Ihnen etwas ein?«

Lux:
»Wir könnten das ganze Gebiet – und damit auch den Außendienst – teilen. Dann könnte jeder von uns Verkaufs- und Schulungsleiter bleiben.«

Daniel:
»Oder wir teilen die Kunden auf. Einer betreut Krankenhäuser, Kliniken usw., der andere die niedergelassenen Ärzte.«

Lux:
»Oder wir lassen die beiden bisherigen Außendienste bestehen, und die Produkte, die sich überschneiden, werden aufgeteilt.«

Daniel:
»Oder wir vertreten uns gegenseitig. Einer wird Schulungsleiter, der andere sein Vertreter – und umgekehrt.«

Lux:
»Und nach einigen Jahren wechseln wir.«

Daniel:
»Da haben wir ja schon eine ganze Menge Möglichkeiten:

1. Aufteilung des Gebietes.

2. Aufteilung der Kunden.
3. Aufteilung nach Vertriebswegen durch zwei Außendienste.
4. Gegenseitige Vertretung mit eventueller Jobrotation nach einigen Jahren.

Konflikt-regelung: 4. Schritt: Herausfinden der besten Lösung (Kompromiß)

Ich schlage vor, daß jeder von uns zu den vier Vorschlägen Stellung nimmt und wir herausfinden, welche Lösung uns beiden am meisten liegt. Diese wollen wir dann der Geschäftsleitung vorschlagen.«

Sie sehen auch hier wieder: Durch das Herausfinden der Ursachen des Konfliktes ist man zu Lösungsvorschlägen gekommen, die diese Ursachen wenigstens teilweise beseitigen können.

Durch völlige Offenheit und durch Einhalten der Regeln des partnerorientierten Verhaltens (S. 94) ist es Daniel gelungen, das Mißtrauen von Lux zu verringern und ihn zum Mitdenken und zum Mittragen eines Kompromisses zu bewegen.

Das Konfliktregelungs-Schema (S. 183) hat sich – zusammen mit dem partnerorientierten Verhalten (Einhalten der Regeln) von Daniel – voll bewährt.

Wenn Sie sich dagegen noch einmal die erste Fassung (S. 187) dieses Beispiels durchlesen, werden Sie sehen, daß Daniel das Mißtrauen von Lux keineswegs abgebaut hat, sondern Lux wurde durch die Anwendung der *Sprache der Macht* immer mehr in die Aggression getrieben.

Konfliktregelung zwischen nicht-gleichberechtigten Partnern

Jetzt wollen wir uns der nächsten Möglichkeit einer Konfliktregelung zuwenden. Als Beispiel nehmen wir einen Konflikt, der zwischen Chef und Mitarbeiter besteht – also zwischen nicht-gleichberechtigten Partnern.
Auch hier kann eine Einigung (oder auch der Zwang, mit dem Konflikt zu leben) nur erreicht werden, wenn die Ursachen, die zum Konflikt bzw. den Differenzen führten, herausgefunden werden.

Bitte erinnern Sie sich an das Beispiel »Stab – Linie« auf S. 39.
Es ging dabei um die Schwierigkeiten, die Herr Wagner im Umgang mit den Abteilungsleitern der Linie hatte, denen er seine Netzpläne »verkaufen« mußte. Sein Abteilungsleiter war über die Situation gar nicht glücklich, denn er kämpfte noch um ein positives Image der jungen Abteilung.

Aber bitte sehen Sie sich auch die 2. partnerorientierte Fassung (S. 134) an.
Hier fand Felden die Ursachen heraus, die die Kommunikationsschwierigkeiten Wagners hervorgerufen hat-

ten. Dadurch wurde Wagner bewogen, sich mit um die Beseitigung der Schwierigkeiten zu bemühen.
Felden bediente sich dabei des Konfliktregelungs-Schemas (S. 183).

Ich bringe hier die auf Seite 134 bis S. 141 gedruckte Fassung noch einmal und zeichne dabei die Schritte der Konfliktregelung ein.

Wiederholung Beispiel: Stab – Linie

2. partnerorientierte Fassung mit eingearbeitetem Konfliktregelungs-Schema

– Felden verhält sich partnerorientiert –

Felden begrüßt Wagner und bittet ihn an den kleinen Besprechungstisch in seinem Zimmer. Er setzt sich ihm gegenüber. (Blickkontakt!)

	Felden:
Schafft gutes Klima	»Schön, daß Sie sich freimachen konnten, Herr Wagner. Ich darf Ihnen bei dieser Gelegenheit sagen, daß Ihre Pläne anscheinend überall gut ankommen. Ich bekomme häufig Komplimente deswegen. Worüber ich mich natürlich freue.«

Wagner:
»Das hört man gern. Das ›Pläneschmieden‹ macht mir auch wirklich Spaß, und ich gebe mir viel Mühe.«

Felden:

Ich-Aussage

»Herr Wagner, ich habe Sie hergebeten, weil ich ein Problem habe.«

Wagner:
»So? Kann ich Ihnen dabei irgendwie helfen?«

Felden:

Partnerorientierte Frage
1. Schritt: Anmeldung der Störung

»Ja, wahrscheinlich.
Darf ich fragen, wie Sie so in letzter Zeit draußen an der Front zurechtgekommen sind, wenn Sie Ihre Pläne überbracht haben?«

Wagner:
»Warum? Sind irgendwelche Beschwerden eingelaufen?«

Felden:

Sagt es ohne eigene Stellungnahme und ohne Aggression

»Ja. Seit zwei bis drei Monaten bekomme ich wiederholt Anrufe von einigen meiner Kollegen der Linie. Sie beschweren sich darüber, daß Sie sich im Ton verändert hätten.«

	Wagner:
Aggressiv	»Wie, im Ton?«
	Felden: »Ja, Sie wären patzig, ungeduldig, ließen niemanden ausreden und würden auch schon mal ausfallend. Daher meine Frage von vorhin:
Partner-orientierte Frage	Haben Sie in letzter Zeit irgendeine Veränderung in Ihrem Verhältnis zu meinen Kollegen gemerkt?«
	Wagner:
Kann nicht aggressiv reagieren	»Nein, eigentlich nicht. Nun, es geht nicht immer alles ganz glatt. Aber Schwierigkeiten gibt es eigentlich nicht. Und was die Vorwürfe betrifft – die stimmen wirklich nicht!«
	Felden: »Ich habe denen auch gesagt, ich könne mir das gar nicht vorstellen. Ich würde Sie ganz anders kennen.«
	Wagner:
Aggressiv	»Wer hat das denn behauptet?«

Felden:

2. Schritt: Finden der Ursachen

»Es wird vielleicht gar nicht nötig sein, Namen zu nennen. Viel wichtiger sind eigentlich die Gründe, die zur Meinung der Kollegen geführt haben.«

Wagner:

Aggressiv

»Da bin ich aber anderer Meinung. Ich möchte schon wissen, wer so etwas behauptet.«

Felden:
»Darf ich Ihnen ein paar Fragen stellen?«

Wagner:
(stimmt unwillig zu)

Felden:

Partnerorientierte Frage

»Solche Netzpläne, wie Sie sie machen, bringen doch für die, die sie durchführen, zusätzliche Arbeit?«

Wagner:

Sachlich

»Zunächst ja. Das wird aber mehr als kompensiert durch weniger Ärger und eingehaltene Termine.«

Felden:

Partnerorientierte Frage

»Wie reagieren denn die Herren so, wenn Sie mit den Plänen kommen?«

	Wagner:
Sachlich	»Oft nicht sehr begeistert. Bisher hat es ja auch ohne Pläne geklappt. Außerdem komme ich eigentlich immer ungelegen, obwohl ich mich rechtzeitig anmelde.«
	Felden:
Ansprechen von Partnergefühlen	»Und dann sind Sie manchmal enttäuscht über diese Reaktion. Schließlich haben Sie sich mit den Plänen alle Mühe gegeben.«
	Wagner:
	»Ja, das stimmt. Ich ärgere mich manchmal.«
	Felden:
Zeigt Verständnis	»Sie wären einer der ganz wenigen Menschen, die ihren Ärger nicht in irgendeiner Form zeigen.«
	Wagner:
	»Wahrscheinlich tue ich das. Ist ja auch verständlich.«
	Felden:
	»Natürlich ist das verständlich. Aber meine Kollegen sehen das anders. Sie sehen die Schuld bei Ihnen.«

Wagner:
»Aber das stimmt doch gar nicht.«

Felden:
»Da haben wir's.
Sie ärgern sich über die fehlende Begeisterung bei den anderen, und die ärgern sich über Ihre Reaktion darauf.«

Wagner:
»Wie? Also ... das könnte natürlich sein.«

Felden:
»Ist aber nicht in unserem Sinne.
Wir brauchen ganz einfach die gute Meinung der anderen, um das Image unserer Abteilung zu festigen. Ganz abgesehen davon, daß es sich ohne Reibung besser arbeiten läßt.
Übrigens: Mit Ihrer Arbeit sind alle – aber auch alle – sehr zufrieden. Ich habe das Ihnen ja schon vorhin gesagt.

3. Schritt: Lösungssuche

Aber wie meinen Sie, könnte man den augenblicklichen Zustand ändern, den wir ja beide nicht gut finden?«

Wagner:
»Vielleicht sollten die Herren ein bißchen mehr von unserer Arbeit wissen.«

Felden:
»Um mehr Verständnis dafür zu haben.«

Wagner:
»Ja.«

Felden:
»Wie können wir das erreichen?«

Wagner:
»Vielleicht ein Rundschreiben?«

Felden:
»Oder ein Seminar?«

Wagner:
»Von der Geschäftsleitung einberufen.«

Felden:
»Mit Ihnen als Referent.«

Wagner:
»Und mit Ihnen.«

Felden:
»Da zeigen wir denen mal so richtig, welchen Nutzen sie durch unsere Pläne haben. Wie viele Pannen vermieden werden. Wie viel Zeit sie sparen.«

Wagner:
»Oder Sie gehen mal mit mir, und wir erklären das alles jedem einzelnen an Ort und Stelle.«

Felden:
»Vielleicht könnten Sie auch mal ein Seminar besuchen über den Umgang mit schwierigen Menschen, damit Sie im Ernstfall gelassener reagieren lernen.«

Ich glaube, hier können wir das Gespräch abbrechen. Herr Felden hatte sein Ziel erreicht, und das wird von Herrn Wagner mitgetragen, weil er überzeugt ist, daß dieser Weg der richtige ist.

Sie sehen, das Konfliktregelungs-Schema läßt sich gerade bei Gesprächen auf hierarchisch unterschiedlichen Stufen erfolgreich anwenden.

Hier noch ein zweites Beispiel:

Beispiel: Der beste Mann, aber ...

Beschreibung der Situation

Wenn ein Mitarbeiter mehr leistet als der Durchschnitt, weil er begabter und fleißiger ist, so beschwört dies oft eine Gefahr herauf: Er kommt sich supergescheit vor und legt eine gewisse Arroganz an den Tag. Dies stört natürlich die Zusammenarbeit im Team; denn der Tüchtigste ist fast niemals auch der Beliebteste in der Gruppe.

Im vorliegenden Fall geht es um einen noch jungen, aber hochqualifizierten Facharbeiter mit Namen Max Hiller, der in den vergangenen zwei Jahren alle ihm übertragenen Aufgaben gewissermaßen »spielend« löste. Sein Gruppenleiter, Herr Baumann, ist deshalb der Meinung, daß der junge Mann befördert werden sollte. Allerdings hat sich Hiller in den letzten Monaten verändert:
Er scheint sich für unfehlbar und unersetzlich zu halten. Durch dieses Verhalten macht er sich bei seinen Kollegen immer unbeliebter, obwohl alle neidlos seine Fähigkeiten anerkennen.

Baumann glaubt, daß sich Hiller so seine Karriere verbaut. Wenn er nicht einsieht, daß er nur mit einer gewissen Bescheidenheit und durch kollegiales Verhalten weiterkommen kann, wird er die Firma eines Tages verlassen.

Daran ist Baumann aber nicht gelegen. Er hat sich deshalb entschlossen, mit Hiller zu sprechen.

1. nicht-partnerorientierte Fassung

Baumann:
»Ich habe Sie kommen lassen, Herr Hiller, weil ich etwas mit Ihnen besprechen möchte.«

Hiller:
»Ja Chef, wo brennt's?«

Baumann:

Sprache der Macht

»Ja, es brennt in der Tat.
Ich bekomme in letzter Zeit dauernd Beschwerden über Ihr recht unverschämtes Verhalten, das Sie Ihren Kollegen gegenüber haben.«

Hiller:
»Hoppla, was ist denn das?«
Wie kommen Sie denn darauf?«

Baumann:

Sprache der Macht

»Das habe ich von Ihren Kollegen gehört und auch selbst beobachtet. Sie können mir das schon glauben, wenn ich es sage. Sie wissen, daß ich Sie befördern wollte, weil Sie fachlich wirklich gut sind. Aber unter diesen Umständen ist daran überhaupt nicht zu denken!
Die Tatsache, daß Sie besser arbeiten als Ihre Kollegen, gibt Ihnen noch

lange kein Recht, sich über diese zu erheben.«

Hiller:

Aggression

»Was ist denn überhaupt los?
Was wollen Sie von mir?«

Baumann:

Sprache der Macht

»Daß Sie sich bessern. Daß Sie wieder in einem vernünftigen Ton mit Ihren Kollegen verkehren. Dann bin ich auch wieder bereit, über Ihre Beförderung zu reden.
Also: Wir sprechen uns in vier Wochen wieder.«

Hiller:

(im Abgehen) »Das ist vielleicht ein Sauladen hier!«

Glauben Sie, daß Hiller sich bessern wird? Ich glaube es nicht. Er weiß gar nicht so recht, was ihm eigentlich vorgeworfen wird; denn er ist sich subjektiv keiner Schuld bewußt.

Baumann hat – wie üblich – die *Sprache der Macht* angewendet mit dem Ergebnis, daß Hillers Selbstwertgefühl verletzt wurde und er mit Sicherheit bockig werden wird.

Wie sieht es nun aus, wenn Baumann sich partnerorientiert verhält und versucht, hinter die Ursachen des Konfliktes zu kommen?

2. partnerorientierte Fassung

– Baumann verhält sich partnerorientiert –

	Baumann:
Kommt gleich zur Sache Ich-Aussage	»Herr Hiller, schön, daß Sie da sind. Ich habe nämlich ein Problem.«
	Hiller:
	»Ja Chef, was ist? Kann ich Ihnen helfen?«
	Baumann:
Kein Vorwurf – sondern partner-orientierte Frage	»Ich hoffe, ja. Eine Frage: Haben Sie in letzter Zeit irgendeine Veränderung in der Haltung Ihrer Kollegen Ihnen gegenüber festgestellt?«
	Hiller:
	»Eine Veränderung? Nein, eigentlich nicht.«
	Baumann:
1. Schritt: Nennt Störung	»Wundert es Sie, wenn ich Ihnen sage, daß Ihre Kollegen seit zwei, drei Monaten überhaupt nicht mehr einverstanden mit Ihnen sind?«

Hiller:

Aggression

»Was sagen Sie? Ob mich das wundert? Na hören Sie mal! Das stimmt doch nicht!«

Baumann:

Ich-Aussage

»Es tut mir leid, wenn Sie meinen, ich würde übertreiben, aber ich kann es Ihnen erklären:
Nachdem wiederholt massive Beschwerden von einigen Ihrer Arbeitskollegen bei mir angebracht wurden, daß Sie sie schlecht behandeln, beschimpfen oder ungeduldig reagieren usw., habe ich Sie ein paarmal beobachtet und zugehört, wenn Sie mit den Kollegen sprachen.

Ich-Aussage

Und tatsächlich: Ich hatte auch das Gefühl, daß Sie sich verändert haben.«

Hiller:

Verteidigung = Aggression

»Ich verstehe das nicht. Ich tue doch wirklich, was ich kann. Mir kann doch keiner was vorwerfen!«

Baumann:

Partnerorientierte Argumente – umkehrbar

»Was Ihre Arbeit betrifft, da haben Sie völlig recht. Da sind Sie erstklassig. Deswegen möchte ich Sie ja auch gern befördern. Aber wer befördert wird, der muß andere führen.

Und wenn er mit den anderen nicht zurechtkommt, lassen die ihn auflaufen. Deswegen müssen wir uns erst über die jetzt anstehende Sache unterhalten, bevor wir weiter über Ihre Karriere sprechen.«

Ich-Aussage – statt Aggression

Hiller:
»Also – ich bin mir keiner Schuld bewußt!«

Partner-orientierte Wiederholung

Baumann:
»Sie sind sich keiner Schuld bewußt.«

2. Schritt: Ursachen

Hiller:
»Nein. Reibereien kommen natürlich überall mal vor.«

Ursachen feststellen

Baumann:
»Können Sie sich in dieser Beziehung an irgend etwas Konkretes erinnern?«

Hiller:
»Na ja, wenn einer so langsam arbeitet ...«

Baumann:
»Und Sie warten müssen, bis er fertig ist ...«

Hiller:
»Ja, das ärgert einen natürlich.«

Baumann:
»Kommt so was öfter mal vor?«

Partner-orientierte Frage

Hiller:
»Ja, doch.«

Baumann:
»Und haben Sie sonst noch Grund, sich manchmal aufzuregen?«

Partner-orientierte Frage

Hiller:
»Sonst noch? Gerade genug!
Was glauben Sie, was die schlampig arbeiten. Wenn ich nicht alles kontrollieren würde – na!«

Baumann:
»Und dann geht Ihnen schon mal der Gaul durch, und Sie sagen kräftig Bescheid, nicht wahr?«

Hiller:
»Darauf können Sie sich verlassen!«

Baumann:
»Sie sind doch nun schon seit zwei Jahren in der Gruppe. Wieso haben Sie das alles erst jetzt in der letzten Zeit gemerkt?«

Hiller:
»In der letzten Zeit? Ach so. Ja sicher. Früher war ich ja auch nicht so gut wie heute. Und da wußte ich auch noch nichts von einer Beförderung.«

Baumann:
»Ihre Unzufriedenheit mit den Kollegen kam erst in der letzten Zeit auf, weil Sie vorher auch noch nicht so gut waren wie heute und weil ich erst vor einigen Monaten zum ersten Mal mit Ihnen über Ihre eventuelle Beförderung gesprochen habe. Ist das so?«

Partner-orientierte Wiederholung

Hiller:
»Ja, das kann schon sein.«

Baumann:
»Dann wurden Sie plötzlich ehrgeizig und fingen an, die anderen zu kritisieren.«

Hiller:
»Ja, wenn Sie es so sehen. Das ist schon möglich.«

Baumann:
»Sie ärgern sich über die in Ihren Augen oft zu langsame und ungenaue Arbeit der Kollegen.«

Hiller:
»Ja, das stimmt.«

Baumann:
»Kann es da nicht auch mal vorkommen, daß Sie nicht immer auf die feine Art reagieren? Daß Sie schon mal etwas laut und unfreundlich werden?«

Hiller:
»Ja, aber immer nur, weil ich etwas beanstanden mußte. Das liegt doch sicher in Ihrem Interesse?«

Baumann:

Partner-orientierte Wiederholung

Sie meinen, wenn Sie sauer reagieren und den anderen das deutlich zeigen, wäre das in meinem Interesse – bzw. in dem der Firma.«

Hiller:
»Ja, genau.«

Baumann:

Ich-Aussage

»Natürlich freue ich mich, wenn Sie gute Arbeit leisten und das auch von den anderen erwarten.

Aber ich finde es nicht gut, wenn Sie dadurch überheblich wirken und die Kollegen verstimmen.«

Hiller:

Erkennt Ursache

»Das wollte ich eigentlich nicht.«

Baumann:

»Ja, eben, das weiß ich ja.

Stellt Ursache fest

Wir haben also gerade festgestellt, daß der Ärger der Kollegen über Sie auf Ihren Ärger über die Kollegen zurückzuführen ist.«

Hiller:

»Ja, so könnte es sein.«

Baumann:

Überleitung zum 3. Schritt: Lösungsvorschläge

»Aber das ist nicht gut für Sie. Auf die Kollegen wirkt das überheblich. Die können ja nicht unbedingt etwas dafür, daß der Hiller besser arbeitet. Und die wollen Sie ja damit gar nicht ärgern.

Es besteht auch die Gefahr, daß Sie später als Vorgesetzter ungerecht sind, wenn wir das nicht abstellen.«

Hiller:

»Ja, was meinen Sie? Wie können wir das ändern? Ich kann doch nicht plötzlich schlechter arbeiten?«

Baumann:
»Nein, natürlich nicht.
Wie können Sie es schaffen, Ihr Verhalten Ihren Kollegen gegenüber zu verbessern?«

Hiller:
»Vielleicht sollten wir mal alle zusammen ein Bier trinken gehen?«

Baumann:
»Ja. Und dabei könnten Sie sagen, daß Sie ja keinen persönlich angreifen wollen.

Oder: Wir schicken die Kollegen nach und nach zu Fachkursen, damit sie noch qualifizierter werden.«

Hiller:
»Da gibt es doch auch so Kurse für Meisteranwärter. Wäre das nichts für mich?«

Baumann:
»Ja, da lernt man auch einiges über den Umgang mit anderen Menschen. Das wäre sicher gut für Sie.«

Sie haben gesehen, wie Baumann behutsam – ohne Hillers Selbstwertgefühl zu verletzen und ihn dadurch in die Opposition zu treiben – die Ursache des Konfliktes herausgearbeitet hat.

Welche Maßnahmen nun durchgeführt wurden, und ob sie Erfolg hatten, ist für unsere grundsätzliche Betrachtung nicht so bedeutungsvoll.

Baumann hat aber noch etwas getan, was sehr wichtig ist: Er hat Hiller an der Lösungssuche (3. Schritt) beteiligt; denn Lösungen, die man selber findet oder an deren Finden man mitarbeitet, werden viel eher akzeptiert.

Außerdem hat Baumann besonders konsequent die Regeln des partnerorientierten Verhaltens (S. 94) angewendet. Vor allem durch seine Ich-Aussagen hat er immer wieder Aggressionen abgebaut.

Wenn Sie der Schwächere sind

Die Regeln des partnerorientierten Verhaltens gelten auch für diesen Fall.

Der große Unterschied aber gegenüber einer Verhandlung zwischen gleichberechtigten Partnern bzw. einer Verhandlung, bei der Sie der Stärkere sind, liegt in folgendem:
In beiden Fällen (gleichberechtigt oder stärker) bedeutet Ihr partnerorientiertes Verhalten den *freiwilligen* Verzicht auf die *Sprache der Macht.*

In einem Gespräch, in dem Sie jedoch der Schwächere sind, müssen Sie *gezwungenermaßen* auf die *Sprache der Macht* verzichten, da Sie sonst bei einem dann ausbrechenden Krieg den kürzeren ziehen würden.

Wenn der stärkere Gesprächs-Partner auf keinen Fall eine Einigung mit Ihnen will, dann kann Ihnen das partnerorientierte Verhalten zwar auch nützen, doch Sie werden sich selten durchsetzen.

Eines aber können Sie in jedem Fall erreichen:
Sie können die *Sprache der Macht* des anderen, die ja oft in Negativen Du-Aussagen besteht, durch Ich-Aussagen aufheben. Das kann dann sogar dazu führen, daß der Gesprächs-Partner nun seinerseits auch Ich-Aussagen statt Negative Du-Aussagen macht. Und so bekommen Sie einen wesentlich besseren Stand.

1. Beispiel:

Gesprächs-Partner:
»Davon halte ich aber gar nichts, mein Lieber ...«
(Negative Du-Aussage)

Antwort:
»Ich bedaure sehr, daß Sie anderer Meinung sind. Aber darf ich noch darauf hinweisen, daß ...«
(Ich-Aussage)

Auch hier könnte der weiterführende Satz: »Aber darf ich noch darauf hinweisen ...« das Gespräch in einem für Sie günstigen Sinn beeinflussen.

2. Beispiel:

Gesprächs-Partner:
»Jetzt machen Sie das Ganze schön noch mal und legen es mir morgen vor ...«
(Negative Du-Aussage)

Antwort:
»Ich bin ganz unglücklich, daß ich Sie nicht von der Richtigkeit der Aufstellung überzeugen kann. Bitte bedenken Sie, daß ...«
(Ich-Aussage)

Nur ein Sadist ist erfreut darüber, wenn er jemanden unglücklich macht. Hier wird der Chef sich wahrscheinlich noch einmal anhören, was Sie mit dem weiterführenden Satz »Bitte bedenken Sie, daß ...« eingeleitet haben.

3. Beispiel:

Gesprächs-Partner:
»In dieser Sache haben Sie mal wieder völlig versagt ...«
(Negative Du-Aussage)

Antwort:
»Ich bin wirklich sehr traurig, daß ich Sie so enttäuscht habe.«
(Ich-Aussage)

Die Enttäuschung Ihres Chefs können Sie durch Ihre Ich-Aussage sicher nicht beheben. Aber er wird Ihnen durch Ihre Reaktion vermutlich sogar einige tröstende und aufmunternde Worte sagen; denn niemand versetzt gern andere in Trauer.

Ich weiß, diese Haltung ist ganz ungewohnt; denn Gefühle zeigt man nicht! Warum eigentlich nicht? Sie vergeben sich doch überhaupt nichts, sondern verbessern nur das Gesprächsklima und Ihre Situation.

Zusammenfassung

Die erfolgreiche Anwendung der Regeln des partnerorientierten Verhaltens erfordert eine Änderung Ihrer inneren Einstellung gegenüber Ihrem Gesprächs-Partner.

Er hat ein Recht auf seine Meinung und seine Haltung, auch wenn diese Meinung und Haltung objektiv und Ihrer Auffassung nach falsch sind.

Jeder von uns nimmt ja genauso das Recht für sich in Anspruch, die richtige Meinung und Haltung zu haben.

Zeigen Sie Ihrem Partner, daß Sie seine Gedanken akzeptieren, und Sie werden mit den fünf Regeln des partnerorientierten Verhaltens Ihren Gesprächs-Partner (vor allem den hierarchisch unterstellten) für sich und Ihre Absicht gewinnen.

Weil Sie durch diese überzeugte und überzeugende Anwendung der Regeln das Selbstwertgefühl Ihres Gesprächs-Partners nicht so gefährden wie durch die *Sprache der Macht*, können Sie auch viel offener vorgehen und Ihre Gedanken, Absichten, Mahnungen und Beschwerden offen aussprechen, statt sie – wie wir es leicht tun –, durch unklare Aussagen feige zu verdekken.

So wird deutlich, daß partnerorientiertes Verhalten nichts mit »Schöntun«, »Streicheln« und »weicher Welle« zu tun hat, sondern eine sehr harte Art zu verhandeln ist.

6. Wie Sie Ihre Erkenntnisse aus diesem Buch anwenden

Je mehr ich überzeugt bin,
daß meine Ziele, meine Vorsätze
erstrebenswert sind,
je mehr ich überzeugt bin,
daß ich mich verändern werde,
desto eher werde ich erreichen,
was ich erreichen will.

(Harald Scheerer)

Wenn Sie dieses Buch mit Interesse gelesen haben, werden Sie vermutlich spüren, welche positive, erfolgversprechende Dynamik das partnerorientierte Verhalten auslösen kann. Und Sie werden sich wahrscheinlich wünschen, in schwierigen Situationen und bei entscheidenden Gesprächen – oder vielleicht sogar *immer* – diese Verhaltensweise anwenden zu können.

Das ist natürlich nicht einfach durchzuführen, weil wir fast alle vom partnerorientierten Verhalten abweichende Gewohnheiten haben. Das sind Gewohnheiten, die fest in unserem Unterbewußtsein verankert sind und unser Verhalten bestimmen, z. B. die *Sprache der Macht*.

Wenn Sie diese Einsicht gewonnen haben, sollten Sie sich bemühen, dieses negative, partnertrennende Verhalten abzulegen, um an seiner Stelle die neuen Gewohnheiten des partnerorientierten Verhaltens aufzubauen oder – modern ausgedrückt – zu programmieren.

Diese Umprogrammierung unseres Unterbewußtseins (= neue, andere Gewohnheiten annehmen) erreichen wir durch drei Schritte:

1. Durch die Überzeugung, daß die Verhaltensänderung unbedingt notwendig ist für unser Glück, für unseren Erfolg.

2. Durch die Überzeugung, daß die Verhaltensänderung möglich ist, daß wir es schaffen.

3. Durch systematische Planung der beabsichtigten Verhaltensänderungen.

Der erste Schritt – die Überzeugung, daß eine Verhaltensänderung notwendig und nützlich ist, um erfolgreicher zu sein – ist im allgemeinen nicht schwer. Wir wissen alle, in welchen Punkten wir uns eigentlich anders verhalten sollten als bisher. Wir haben meistens nur nicht die Kraft, es zu tun – also die als notwendig erkannte Veränderung herbeizuführen.

Dazu verhelfen uns erst die zwei weiteren Schritte.

Der zweite Schritt – die Macht der Überzeugung – ist nicht so leicht. Aber viele Menschen haben durch ständige Arbeit an sich selbst erreicht, sich zu verändern – also neue, erwünschte Gewohnheiten an die Stelle alter, unerwünschter Gewohnheiten zu setzen.

Der dritte Schritt ist dann die Planung – das genaue Programm, durch das Sie die gewünschten Veränderungen erreichen werden.

Ich habe diese drei Schritte in fünfzehn Leitsätzen ausgedrückt:

Ich kann, was ich will

Leitsätze zum Erreichen von Zielen

1. Wenn ich etwas bei mir verändern will, dann muß ich genau wissen, was ich verändern will. Diese ge-

wünschte Veränderung muß ich als Ziel formulieren und das Erreichen dieses Zieles zum festen Vorsatz machen. (Zielklarheit)

2. Ich muß diesen Vorsatz zu meiner Gewohnheit machen – zur Gewohnheit, *»es nicht mehr zu tun«*, wenn es eine Eigenschaft ist, die ich ablegen will, zur Gewohnheit, *»es zu tun«*, wenn es eine Eigenschaft ist, die ich mir aneignen will.

3. Gewohnheiten sind Programme im Unterbewußtsein.

4. Ich programmiere mein Unterbewußtsein durch ständiges Bewußtmachen – also ständiges Denken an meinen Vorsatz.

5. Dabei stelle ich mir dauernd vor, wie es sein wird, wenn die gewünschte Veränderung eingetreten ist, wenn ich also meinen Vorsatz erreicht habe.

6. Ich denke einfach so, als ob das, was ich will, schon eingetreten wäre.

7. Ich formuliere meinen Vorsatz positiv. Also nicht: »Ich höre nie mehr nicht-partnerorientiert zu«, sondern: »Ich höre immer und überall partnerorientiert zu.«

8. Je häufiger ich an meinen Vorsatz denke, desto früher erreiche ich ihn, desto eher wird er zur Gewohnheit.

9. Damit ich möglichst häufig daran denke, schaffe ich mir Gedächtnishilfen.

10. Gedächtnishilfen können sein:
Täglicher Eintrag in mein Notizbuch, Zettel mit der Aufschrift: »Ich halte alle meine Vorsätze« in allen Taschen, am Badezimmerspiegel, am Armaturenbrett vom Auto, auf dem Schreibtisch, in der Handtasche usw.

11. Ich bitte Freunde, Angehörige, Mitarbeiter, mir zu sagen, wenn ich nicht nach meinen Vorsätzen handle.
(Geht nicht bei allen Vorsätzen)

12. Ich bilde mir meine eigenen Vorsatzformeln und spreche sie morgens, mittags, abends mindestens 25mal.
Z. B.: »Ich höre immer und überall partnerorientiert zu.«

13. Ich fasse immer nur einen Vorsatz. Wenn ich ihn erreicht habe, dann fasse ich erst den nächsten Vorsatz.

14. Ich beginne mit einfachen Vorsätzen, damit ich möglichst bald Erfolge habe.

15. Je mehr ich überzeugt bin, daß meine Ziele, meine Vorsätze erstrebenswert sind, je mehr ich überzeugt bin, daß ich mich verändern werde, desto eher werde ich erreichen, was ich erreichen will.

Es folgen nun einige Erläuterungen zu diesen Leitsätzen:

1. Leitsatz:

Wenn ich etwas bei mir verändern will, dann muß ich genau wissen, was ich verändern will. Diese gewünschte Veränderung muß ich als Ziel formulieren und das Erreichen dieses Zieles zum festen Vorsatz machen. (Zielklarheit)

Sie haben die Überzeugung gewonnen, daß es wichtig sei, einige Ihrer bisherigen Gewohnheiten bei Gesprächen und Verhandlungen zu ändern. Das können Sie nur bei völliger Zielklarheit erreichen.
Was wollen Sie erreichen?
Welche Ziele haben Sie?

1. Ziel: Partnerorientiert zuhören. (S. 94)
2. Ziel: Umkehrbar formulieren. (S. 111)
3. Ziel: Partnerorientiert fragen. (S. 115)
4. Ziel: Schnell und deutlich zur Sache kommen. (S. 126)

2. Leitsatz:

Ich muß diesen Vorsatz zu meiner Gewohnheit machen – zur Gewohnheit, »es nicht mehr zu tun«, wenn es eine Eigenschaft ist, die ich ablegen will, zur Gewohnheit, »es zu tun«, wenn es eine Eigenschaft ist, die ich mir aneignen will.

3. Leitsatz:

Gewohnheiten sind Programme im Unterbewußtsein.

4. Leitsatz:

Ich programmiere mein Unterbewußtsein durch ständiges Bewußtmachen – also ständiges Denken an meinen Vorsatz.

Bitte erinnern Sie sich an Ihre ersten Fahrstunden:
Der Fahrlehrer sagte: »Lassen Sie den Wagen an.« Sie erschraken. Was muß ich tun? Hier den Schlüssel drehen. Nein, erst den Leerlauf einstellen. Wo ist der Ganghebel? Hier. Wo ist der Leerlauf? Hier? Nein, hier! Halt, der Wagen rollt. Handbremse anziehen. So, was jetzt? Den Schlüssel drehen. Jetzt läuft der Motor. Ich habe Angst! Was jetzt? Den 1. Gang einlegen. Nein, erst die Kupplung treten. Wo ist die Kupplung? Hier. Jetzt der 1. Gang. Hier? Nein, das stimmt nicht. Hier. Was jetzt? Kupplung loslassen. Nein, erst Handbremse lösen. Wo ist sie? Hier. Jetzt Kupplung loslassen, usw.

Erinnern Sie sich noch, wie anstrengend und schwierig diese ersten Fahrstunden waren? Warum? Weil Sie alles ganz genau überlegten, und weil Sie an alles ganz *bewußt* denken mußten.

Und wie ist es heute?
Sie denken überhaupt nicht mehr bewußt beim Auto-

fahren. Alles geschieht unbewußt, ist automatisiert, ist Gewohnheit, ist programmiert. Ihr Unterbewußtsein lenkt und leitet Sie.

5. Leitsatz:

Dabei stelle ich mir dauernd vor, wie es sein wird, wenn die gewünschte Veränderung eingetreten ist, wenn ich also meinen Vorsatz erreicht habe.

Sie stellen sich immer wieder mit dem Gefühl der Freude vor, wie problemlos Sie in Zukunft Ihre Verhandlungen führen werden: keine verletzten Mitarbeiter, kein heimlicher Widerstand, keine schwelenden Konflikte.

6. Leitsatz:

Ich denke einfach so, als ob das, was ich will, schon eingetreten wäre.

Sie denken immer wieder: Wie gut, daß ich mich partnerorientiert verhalte:
Ich höre partnerorientiert zu. (1. Ziel)
Ich formuliere umkehrbar. (2. Ziel)
Ich frage partnerorientiert. (3. Ziel)
Ich komme schnell und deutlich zur Sache. (4. Ziel)

*7. **Leitsatz:***

Ich formuliere meinen Vorsatz positiv. Also nicht: »Ich höre nie mehr nicht-partnerorientiert zu«, sondern: »Ich höre immer und überall partnerorientiert zu.«

*8. **Leitsatz:***

Je häufiger ich an meinen Vorsatz denke, desto früher erreiche ich ihn, desto eher wird er zur Gewohnheit.

*9. **Leitsatz:***

Damit ich möglichst häufig daran denke, schaffe ich mir Gedächtnishilfen.

*10. **Leitsatz:***

Gedächtnishilfen können sein:
Täglicher Eintrag in mein Notizbuch, Zettel mit der Aufschrift: »Ich halte alle meine Vorsätze« in allen Taschen, am Badezimmerspiegel, am Armaturenbrett vom Auto, auf dem Schreibtisch, in der Handtasche usw.

*11. **Leitsatz:***

Ich bitte Freunde, Angehörige, Mitarbeiter, mir zu sa-

gen, wenn ich nicht nach meinen Vorsätzen handle. (Geht nicht bei allen Vorsätzen)

12. Leitsatz:

Ich bilde mir meine eigenen Vorsatzformeln und spreche sie morgens, mittags, abends mindestens 25mal.
Z. B.: »Ich höre immer und überall partnerorientiert zu.«

Der amerikanische Psychotherapeut Thomas Harris[13)] gebraucht für diesen Vorgang folgendes Bild:
Unser Gehirn ist wie ein Tonband, das alle Urteile speichert, die wir im Laufe unserer Entwicklung von unseren Mitmenschen hören. Aussagen, die ständig wiederholt werden, prägen sich dabei besonders ein. Wenn das Tonband in unserem Kopf immer wieder abläuft, sind wir schließlich selbst von dem überzeugt, was es uns sagt.

Diese innere Stimme beeinflußt natürlich ganz stark unser Selbstvertrauen – positiv wie negativ. Daher müssen wir das innere Tonband, falls es uns nur negative Dinge sagt, neu bespielen – so lange, bis das Negative, das ursprünglich auf dem Tonband gespeichert war, völlig überspielt ist.

Man kann sich leicht vorstellen, daß dieser Vorgang eine ganze Zeit braucht. Die Entstehung der negativen Gewohnheiten hat schließlich auch Jahre oder gar Jahrzehnte gedauert. Letztlich ist das regelmäßige und konsequente Üben entscheidend für die Neuprogrammierung, bei der ungünstige Denkmuster durch realistische und hilfreiche ersetzt werden.

Die Übungen laufen immer in der gleichen Form ab: Man entspannt sich und konzentriert sich dann einige Minuten lang auf die gewählte Formel. (Die Entspannung ist wichtig, da im Zustand der inneren Anspannung oder Erschöpfung das Lernen erschwert oder sogar unmöglich ist.) Sprechen Sie sich die Formel im stillen vor. Wiederholen Sie sie viele Male im gleichen Wortlaut und Tonfall, damit sie sich ganz fest einprägt. Oder versuchen Sie, die Formel Wort für Wort als Schriftzug vor Ihrem inneren Auge entstehen zu lassen. Auch das wiederholen Sie mehrere Male. Sie können die Formel auch richtig hinschreiben und sich in der Entspannung dann wieder das Blatt Papier mit dem Satz darauf vergegenwärtigen.

Welche Formeln sind nun für diese Übungen zu empfehlen?
Sie sollen kurz und realistisch sein, einfach formuliert und rhythmisch klingen – etwa wie eine Gedichtzeile –, damit sie sich leicht einprägen.

Man kann sich natürlich für alle möglichen Probleme spezielle Formeln konstruieren.
Bei Schlafstörungen kann man sich sagen: »Mein Körper ruht sich aus.« Oder: »Geräusche sind ganz gleichgültig.« Oder: »Probleme sind ganz gleichgültig.«

Wenn Ihnen eine schwierige Arbeit oder Prüfung bevorsteht, können Sie sich sagen: »Ich arbeite (lerne) gern.« Oder: »Das Arbeiten (Lernen) fällt mir leicht.« Oder: »Die Prüfung gelingt.«

Diese Beispiele können natürlich nur Hinweise geben, wie die Vorsatzformeln aussehen sollten. Experimentieren Sie ruhig mit verschiedenen Sätzen, bis Sie eine Formel gefunden haben, die Ihnen richtig für Ihre individuelle Situation erscheint.

Eine Vorsatzformel nach Ihrem Wunsch könnte z. B. sein: »Ich höre immer und überall partnerorientiert zu.«

13. Leitsatz:

Ich fasse immer nur einen Vorsatz. Wenn ich ihn erreicht habe, dann fasse ich erst den nächsten Vorsatz.

14. Leitsatz:

Ich beginne mit einfachen Vorsätzen, damit ich möglichst bald Erfolge habe.

15. Leitsatz:

Je mehr ich überzeugt bin, daß meine Ziele, meine Vorsätze erstrebenswert sind, je mehr ich überzeugt bin, daß ich mich verändern werde, desto eher werde ich erreichen, was ich erreichen will.

Nachwort

Ein Führer ist einer,
der die anderen
unendlich nötig hat.

(Antoine de Saint Exupéry)

Bitte zweifeln Sie nicht an der Wirksamkeit der Gesprächsführung durch partnerorientiertes Verhalten, nur weil Ihnen vielleicht dieses oder jenes Beispiel nicht gefällt oder nicht genug praxisbezogen zu sein scheint; oder weil Ihnen ein dargestellter Gesprächsverlauf nicht real genug ist. Es sind lediglich Beispiele, an denen gezeigt werden soll, wie ein Gespräch verlaufen *könnte.* Aber fast immer wird sich der partnerorientierte Gesprächs-Partner durchsetzen, weil er das Gespräch von Aggressionen freihält.

Stören Sie sich bitte auch nicht daran, wenn manche Gedanken in diesem Buch einige Male aufgegriffen werden. Das sind die Gedanken und Überlegungen, die für den spürbaren Erfolg besonders wichtig sind.

Lassen Sie mich zusammenfassen:

Wer führen will, muß sich in Zielsetzung und Zieldurchsetzung ethisch verhalten (Selbstwertgefühl der Mitarbeiter achten), und er muß die Mitarbeiter von der Wichtigkeit dieser Ziele so überzeugen, daß sie möglichst gern an der Zielerreichung mitarbeiten.

In Kurzform:
Erfolgreich führen durch Überzeugen.

Literatur- und Zitathinweise

1) Scheerer, H., Wie Sie mit sich selbst und anderen besser zurechtkommen, München 1982

2) Gordon, Th., Managerkonferenz, Hamburg 1979

3) Schäkel, U./Scholz, J. (Herausgeber), Leistungsreserven aktivieren, Essen 1983

4) Mohler, A., Mitarbeiter richtig führen, München 1980

5) Lay, R., Ethik in Wirtschaft und Politik, München 1983

6) Peters, Th./Watermann, R., Auf der Suche nach Spitzenleistungen, Landsberg 1983
US-amerikanische Ausgabe:
In Search of Excellence, 1982

7) Lauterburg, Chr., Vor dem Ende der Hierarchie, Düsseldorf 1980

8) Halbe, P., Mitarbeiter als Mitunternehmer, Mainz 1981

9) Harvard Business Review 1983

10) McLuhan, M., Die magischen Kanäle, Düsseldorf 1968

11) Scheerer, H., Wie Sie durch Ihr Sprechen gewinnen, München 1983

12) Lay, R., Manipulation durch die Sprache, München 1977

13) Juli, D./Engelbrecht-Greve, M., Streßverhalten ändern lernen, Reinbek 1975

14) dtv-Lexikon, Deutscher Taschenbuchverlag, München 1970

15) Fischer, G.H., Strategie und Taktik der Interaktion im Verkauf und Marketing, Gernsbach 1984